ESOTERISMO E MAGIA
no século XXI
Explicado com o uso da Bíblia Sagrada

Editora Appris Ltda.
1.ª Edição - Copyright© 2025 dos autores
Direitos de Edição Reservados à Editora Appris Ltda.

Nenhuma parte desta obra poderá ser utilizada indevidamente, sem estar de acordo com a Lei nº
9.610/98. Se incorreções forem encontradas, serão de exclusiva responsabilidade de seus organi-
zadores. Foi realizado o Depósito Legal na Fundação Biblioteca Nacional, de acordo com as Leis nᵒˢ
10.994, de 14/12/2004, e 12.192, de 14/01/2010.

Catalogação na Fonte
Elaborado por: Dayanne Leal Souza
Bibliotecária CRB 9/2162

C837e 2025	Costa, Iara Maria dos Santos Chagas Esoterismo e magia no século XXI: explicado com o uso da bíblia sagrada / Iara Maria dos Santos Chagas. – 1. ed. – Curitiba: Appris, 2025. 112 p. : il. ; 21 cm. Inclui referências. ISBN 978-65-250-7874-8 1. Magia. 2. Bíblia sagrada. 3. Ciência. 4. Desmistificar. 5. Conhecimento. I. Costa, Iara Maria dos Santos Chagas. II. Título. CDD – 220

Appris
editorial

Editora e Livraria Appris Ltda.
Av. Manoel Ribas, 2265 – Mercês
Curitiba/PR – CEP: 80810-002
Tel. (41) 3156 - 4731
www.editoraappris.com.br

Printed in Brazil
Impresso no Brasil

IARA MARIA DOS SANTOS CHAGAS COSTA

ESOTERISMO E MAGIA
no século XXI
Explicado com o uso da Bíblia Sagrada

Curitiba, PR
2025

FICHA TÉCNICA

EDITORIAL	Augusto V. de A. Coelho
	Sara C. de Andrade Coelho
COMITÊ EDITORIAL	Ana El Achkar (Universo/RJ)
	Andréa Barbosa Gouveia (UFPR)
	Jacques de Lima Ferreira (UNOESC)
	Marília Andrade Torales Campos (UFPR)
	Patrícia L. Torres (PUCPR)
	Roberta Ecleide Kelly (NEPE)
	Toni Reis (UP)
CONSULTORES	Luiz Carlos Oliveira
	Maria Tereza R. Pahl
	Marli C. de Andrade
SUPERVISORA EDITORIAL	Renata C. Lopes
PRODUÇÃO EDITORIAL	Maria Eduarda Paiz
REVISÃO	José Bernardo
DIAGRAMAÇÃO	Amélia Lopes
CAPA	Dani Baum
REVISÃO DE PROVA	Lavínia Albuquerque

Uma mentira dita mil vezes torna-se verdade.

(Joseph Goebbels)

AGRADECIMENTOS

Agradeço à Sr.ª Marieta dos Santos Chagas e ao Sr. Hermenegildo Chagas (*in memoriam*), meus pais, por terem me alfabetizado aos 3 anos de idade para ler e aprender sobre a Bíblia Sagrada, e pela liberdade religiosa e de expressão para, desde minha infância, formar meus conceitos e opiniões e viver por estes. Meus pais não mediram esforços e sacrifícios para me manter nas melhores escolas da região, proporcionando uma educação de qualidade.

Agradeço pelas orientações e pelo acompanhamento que me deram ao longo de minha trajetória.

A todas as pessoas que buscam conhecimento.

APRESENTAÇÃO

Desde tempos remotos, seres humanos de todas as culturas e etnias tentam compreender e explicar os fenômenos da natureza e prever o futuro da humanidade, para controlar a vida e as atitudes de sua sociedade, utilizando-se de saberes supostamente dados por um ser superior, ou seres, por um Deus ou deuses e divindades.

No decorrer da história, o homem busca respostas a partir do raciocínio lógico e da razão, e não apenas com a fé, não mais se conforma com a ideia de um Deus que tudo sabe e tudo controla, mas acredita que para tudo existe uma resposta compreensível, e que por meio do conhecimento é possível prever certas situações para evitá-las ou prevenir-se e melhorar.

Em tempos mais recentes, estudiosos e religiosos tentam explicar e conciliar as crenças e o conhecimento esotérico com a ciência. A questão é: será possível explicar o esoterismo e a magia cientificamente, e, ainda, usando a Bíblia como guia para comprovar a existência e o uso da magia pelos servos de Deus?

PREFÁCIO

A magia e o esoterismo são uma forma de oposição ao Cristianismo?

Historicamente, esses temas vêm sendo demonizados pela sociedade ao longo dos séculos e equiparados a uma forma de culto ao Demônio Cristão (figura também conhecida como Lúcifer, Satanás, Belzebuth etc.), principalmente por adeptos de religiões que tem o Cristianismo como base.

No entanto, na Bíblia Sagrada, que é a base principal da crença cristã, podemos identificar diversos fatos paranormais que poderiam ser associados à magia e ao esoterismo, porém não se identifica nenhuma forma de hostilização nas narrativas, ao contrário do que vemos na sociedade.

Como praticante de religião que também conta com a influência afro-ameríndia, entre outras, vejo que esse estereótipo se estende a todas as religiões, crenças e práticas que fogem ao padrão do Cristianismo, sendo que a Umbanda, a Quimbanda, o Candomblé, o Batuque Gaúcho e até mesmo o próprio Espiritismo são comumente equiparados com práticas malignas, associadas ao Demônio, embora seja comum que essas crenças não acreditem em tal figura.

Mas até que ponto essa demonização é parte da crença cristã? O que a Bíblia Sagrada (sua principal fonte de base teológica) fala sobre isso?

Nesta obra, a autora aborda os principais conceitos relacionados a esses temas, abordando, de forma imparcial, fatos históricos e trechos da Bíblia relacionados, permitindo que o leitor tire suas próprias conclusões.

Ícaro Gonçalves Correa

Médium do Abrigo Espírita Francisco de Assis, sede da Congregação dos Franciscanos Espíritas de Umbanda, primeiro Centro de Umbanda do município de Porto Alegre/RS, fundado em 4 de outubro de 1936.

SUMÁRIO

INTRODUÇÃO..17

CAPÍTULO 1
O QUE É O ESOTERISMO...21
  1.1 ALGUNS TIPOS DE FENÔMENOS PARANORMAIS.................34

CAPÍTULO 2
BREVE HISTÓRIA SOBRE ESOTERISMO, DA MAGIA
E A CAÇA ÀS BRUXAS..42
  2.1 MALLEUS MALEFICARUM..45

CAPÍTULO 3
QUEM PODE PRATICAR A MAGIA
E QUAIS OS BENEFÍCIOS?...54
  3.1 MIASMAS..57
  3.2 REGISTROS AKÁSHICOS...59
    3.2.1 Fantasmas, aparições e assombrações.........................61

CAPÍTULO 4
HISTÓRIA DO ESOTERISMO E DA MAGIA
A PARTIR DO SÉCULO XXI...67

CAPÍTULO 5
POÇÕES MÁGICAS DAS BRUXAS...80
  5.1 MUNDO SECRETO NA NATUREZA..82
    5.1.1 Vara mágica...86

CAPÍTULO 6
MEDICINA HOLÍSTICA..92
  6.1 ALGUNS TIPOS DE TERAPIAS ALTERNATIVAS
  PARA O BEM-ESTAR..93

CAPÍTULO 7
A MAGIA DAS PEDRAS......101
7.1 CRISTALOTERAPIA......103

CAPÍTULO 8
PODER E AUTOSSUGESTÃO DOS
OBJETOS MÍSTICOS......105
8.1 SONHOS E INTERPRETAÇÕES......106
8.1.2 Esoterismo no século XXI......107

REFERÊNCIAS......111

INTRODUÇÃO

Muitas pessoas talvez não acreditem e digam que magia não existe, porém, o livro mais lido e mais vendido no ocidente na atualidade, a Bíblia Sagrada, cita a magia como existente e verdadeira, sendo que o próprio Deus bíblico falou da magia e a proibiu. Portanto sem dúvida nenhuma não temos espaço para contestar, a magia é real.

Outras pessoas talvez digam que, se Deus proibiu a magia, é porque é algo ruim. Porém, o próprio Deus deu poderes a seres humanos, provavelmente porque a boa magia provinha apenas dele e, como criador do universo, somente ele teria direito de dar e de tirar poderes aos seres humanos, e apenas para realizar sua obra e sua vontade, portanto devemos realizar apenas e somente o bem. Usar o conhecimento esotérico para boas coisas, unicamente para ajudar nosso semelhante.

1 Coríntios 12:4-11 – *Ora, os dons são diversos, mas o Espírito é o mesmo. E também há diversidade nos serviços, mas o Senhor é o mesmo. E há diversidade nas realizações, mas o mesmo Deus é quem opera tudo em todos. A manifestação do Espírito é concedida a cada um visando a um fim proveitoso. Porque a um é dada, mediante o Espírito, a palavra da sabedoria; e a outro, segundo o mesmo Espírito, a palavra do conhecimento; a outro, no mesmo Espírito, a fé; e a outro, no mesmo Espírito, dons de curar; a outro, operações de milagres; a outro, profecia; a outro, discernimento de espíritos; a um, variedade de línguas; e a outro, capacidade para interpretá-las. Mas um só e o mesmo Espírito realiza todas estas coisas, distribuindo-as, como lhe apraz, a cada um, individualmente.*

Deuteronômio 18:9-12 - *O Deus de Israel deu ordens para seu povo, os israelitas, que não fizessem as práticas dos outros povos que adoravam outros deuses:*

Quando entrares na terra que o Senhor, teu Deus, te der, não aprenderás a fazer conforme as abominações daqueles povos. Não se achará entre ti quem faça passar pelo fogo o seu filho ou a sua filha, nem adivinhador, nem prognosticador, nem agoureiro, nem feiticeiro; nem encantador, nem necromante, nem mágico, nem quem consulte os mortos; pois todo aquele que faz tal coisa é abominação ao Senhor; e por estas abominações o Senhor, teu Deus, os lança de diante de ti.

Passar pelo fogo o seu filho ou a sua filha - o Deus de Israel condenava sacrifício humano.

Adivinhador, nem prognosticador - o Deus de Israel condenava aqueles que faziam prognósticos, que supunham resultados ou processos futuros, estes não possuíam dons dados por Deus, eram charlatões e enganosos, usurpadores da fé do povo, mistificavam os eventos naturais até então pouco ou nada conhecidos.

Nem agoureiro - o Deus de Israel condenava amaldiçoar os outros, rogar pragas e sentenças condenatórias.

Nem feiticeiro nem encantador - o Deus de Israel condenava aprisionar, prender os outros com feitiços e encantamentos.

Nem mágico - o Deus de Israel condenava o uso de mágica, ou seja, truques e artifícios para impressionar, amedrontar e subjugar o povo.

Nem necromante, nem quem consulte os mortos - o Deus de Israel condenava a comunicação com os mortos, porque este fenômeno é real e possível, se não fosse, o Deus Todo-poderoso da Bíblia não teria condenado, então, se o fez, é porque existe sim conexão do mundo dos vivos com o mundo dos mortos, e Deus proibiu o povo que ele escolheu para adorá-lo no passado de consultar os mortos. Essa prática traria consequências.

Desmistificando a magia

magia é a prática de manipular energias naturais para alcançar objetivos específicos.

A magia pode ser dividida em:

- magia Branca, para cura, proteção e iluminação;
- magia Negra para dano, controle e manipulação.

As escrituras sagradas condenam a magia negra, mas reconhecem a existência de poderes divinos e naturais, **que é a magia que defenderemos neste livro, a magia natural utilizando as forças da natureza para o bem.**

Mateus 12:43-45 – *Quando o espírito imundo sai do homem, anda por lugares áridos procurando repouso, porém não encontra. Por isso, diz: Voltarei para minha casa donde saí. E, tendo voltado, a encontra vazia, varrida e ornamentada. Então, vai e leva consigo outros sete espíritos, piores do que ele, e, entrando, habitam ali; e o último estado daquele homem torna-se pior do que o primeiro. Assim também acontecerá a esta geração perversa.*

Deus condena a invocação de espíritos, pois somente ele pode repreendê-los, subjugá-los e dominá-los.

Deus deu poder ao seu filho Jesus Cristo para repreender demônios, e na bíblia ainda encontramos outros relatos de servos de Deus no passado que receberam o poder e a autoridade de Deus para expulsar demônios (espíritos maus e impuros), sempre pela obra e em nome de Deus.

Mateus 28:18 - *Jesus, aproximando-se, falou-lhes, dizendo: Toda a autoridade me foi dada no céu e na terra.*

E na bíblia ainda encontramos outros relatos de servos de Deus no passado que receberam o poder e a autoridade de Deus para expulsar demônios (espíritos maus e impuros), sempre pela obra e em nome de Deus.

Mateus 10:1 - *Tendo chamado os seus doze discípulos, deu-lhes Jesus autoridade sobre espíritos imundos para os expelir e para curar toda sorte de doenças e enfermidades.* Deus proibiu a adoração de outros deuses.

Isaías 42:8 - *Eu sou o Senhor, este é o meu nome; a minha glória, pois, não a darei a outrem, nem a minha honra, às imagens de escultura.*

Portanto...

Deus condenou a magia Negra, que é o uso dos poderes da natureza para o mal.

Magia **não** é o uso nem a "**invocação**" dos poderes de seres espirituais invisíveis ao ser humano, muito menos "**satanismo**", adoração a Lúcifer (Satanás) ou qualquer outro ser.

Capítulo 1

O QUE É O ESOTERISMO

Esoterismo

esoterismo é o conhecimento, de assuntos complexos, sobre ciência, filosofia e religião, mantidos em segredo do grande público. Não se trata de uma religião, mas sim do uso de conhecimentos raros e ocultos.

Essa filosofia defende que alguns conhecimentos religiosos, científicos ou espirituais são poderosos ou "nobres" demais para serem divulgados ao grande público, sendo necessário que seu compartilhamento ocorra apenas em grupos selecionados de pessoas, chamados de "**Iniciados**", ou em certos rituais, chamam-se "preparados".

esoterismo é um conjunto de tradições e interpretações filosóficas de doutrinas e de religiões que têm como objetivo transmitir um conteúdo sobre alguns temas (muitos temas ainda não foram descobertos e revelados) que tratam do uso dos poderes e das energias ocultas da natureza, geralmente passadas oralmente.

É a sabedoria enigmática ou desconhecida, sempre com ar de oculto, devendo ser bem guardada, não devendo ser vulgarizada, nem mal utilizada, ou seja, mantendo-se no domínio de poucos.

Exoterismo ou esoterismo

Exoterismo significa algo que está disponível de forma pública, sem limitações, ou universal. Muitas sociedades secretas dividem-se em duas seções: a **Exotérica**, ou "face pública", externa, aquela que o grande público pode saber, conhecer e participar, e a

Esotérica, ou "face oculta", aqueles conhecimentos e rituais ocultados, **inacessíveis**, que o público desconhece.

O conhecimento, a manipulação e a prática das forças da natureza existem desde o início dos tempos. Como estudo, teorias e nomenclaturas ocidentais, temos como guia a escola grega, que transmitiu conhecimento provável e real ao grande público sem restrições.

Gnose é uma palavra grega que significa "conhecimento". É o estudo das forças ocultas da natureza, ou seja, conhecimento oculto.

Gnóstico é aquele que detém o conhecimento raro e secreto do esoterismo.

Teosofia é uma palavra originária do grego — *Teos*, "Deus", e *Sofia*, "sabedoria". Ou seja, Sabedoria Divina.

Esoterismo não se trata de uma religião, nem de adoração ou práticas condenadas por Deus, e sim de uma teoria inteligente e racional do universo, em que o mundo é regido por leis Divinas de absoluta justiça, de modo que o ser humano é o responsável pelas suas ações, que resultam em vitórias ou fracassos, trazendo para si mesmo a sua recompensa ou o seu castigo. Independentemente da existência de um diabo nem forças ocultas do mal, existem as escolhas boas ou más que resultam em experiências que repetidas trazem a oportunidade de evolução, oferecendo aos indivíduos oportunidades de progresso. A grande maioria das religiões e filosofias tem pontos convergentes e comuns em sua essência, diferindo apenas na sua apresentação, pois ensinam doutrinas originárias do entendimento humano, como verdades absolutas.

Mateus 7:7 - Em vão me adoram, ensinando doutrina que são preceitos de homens.

Há muitos movimentos esotéricos desde o início dos tempos, associados à religião e ao culto ou à filosofia, ou apenas à ciência, com muitos termos, palavras e símbolos associados ao esoterismo, vocabulário e rituais esotéricos. Não abordaremos esses assuntos neste livro, pois serão objeto de estudo para a próxima obra da autora.

Falaremos apenas de magia, esoterismo, e a prática da magia.

Magia existe em toda parte, muitas vezes não é percebida, porém, é sentida e seus resultados são observados.

Por exemplo, se olharmos à nossa volta, para o ar, não o vemos, porém sabemos que existem várias ondas sonoras, elétricas, magnéticas, estáticas, passando por nossos corpos, são reais e temos consciência disso. Muitos fenômenos acontecem ao nosso redor, porém não são vistos, apenas sentidos, porque nossos olhos não são capazes de ver, não foram programados para enxergar coisas tão pequenas ou tão rápidas, nossa visão tem capacidade limitada.

Para compreendermos melhor, imaginamos um pequeno animal colocado dentro de uma gigantesca caixa quadrada, sua visão é limitada apenas a duas dimensões, a largura e o comprimento da caixa, mesmo que olhe para cima não verá a saída porque seus olhos são limitados a uma certa distância, ele não enxerga além, e talvez morra correndo de um lado para outro, ou talvez em círculos, sem perceber a dimensão da altura, onde está a saída. Assim somos nós, limitados apenas a três dimensões, altura, largura e profundidade, qualquer outra saída é invisível para nós.

Semelhantes a um livro de várias páginas, assim são algumas dimensões, estamos em uma página e não enxergamos o que existe na anterior, tampouco na seguinte, nossa realidade é nossa página, não sabemos o que há nas outras, mas, mesmo assim, o livro existe.

Podemos ainda simplificar, imaginando que o ser humano está dentro de uma bolha com um ecossistema, ou um aquário. Nos desenvolvemos livremente por ele, em seu território, porém, ainda não conseguimos sair desse aquário. Apesar das tentativas tecnológicas até o início do século XXI, ainda não sabemos exatamente o que existe lá fora no cosmo; sabemos apenas o que os livros sagrados antigos contam, alegando terem sido informações passadas por seres de fora da Terra.

Esta belíssima narrativa poética de um diálogo entre Deus e seu servo Jó nos dá uma ideia da limitação humana quanto o conhecimento das coisas visíveis ao ser humano, muito mais limitação, as coisas invisíveis.

Jó 38:2-11 - *Quem é este que escurece os meus desígnios com palavras sem conhecimento? Cinge, pois, os lombos como homem, pois eu te perguntarei, e tu me farás saber. Onde estavas tu, quando eu lançava os fundamentos da terra? Dize-mo, se tens entendimento. Quem lhe pôs as medidas, se é que o sabes? Ou quem estendeu sobre ela o cordel? Sobre que estão fundadas as suas bases ou quem lhe assentou a pedra angular, quando as estrelas da alva, juntas, alegremente cantavam, e rejubilavam todos os filhos de Deus? Ou quem encerrou o mar com portas, quando irrompeu da madre; quando eu lhe pus as nuvens por vestidura e a escuridão por fraldas? Quando eu lhe tracei limites, e lhe pus ferrolhos e portas, e disse: até aqui virás e não mais adiante, e aqui se quebrará o orgulho das tuas ondas? Acaso, desde que começaram os teus dias, deste ordem à madrugada ou fizeste a alva saber o seu lugar, para que se apegasse às orlas da terra, e desta fossem os perversos sacudidos? A terra se modela como o barro debaixo do selo, e tudo se apresenta como vestidos; dos perversos se desvia a sua luz, e o braço levantado para ferir se quebranta. Acaso, entraste nos mananciais do mar ou percorreste o mais profundo do abismo? Porventura, te foram reveladas as portas da morte ou viste essas*

portas da região tenebrosa? Tens ideia nítida da largura da terra?
Dize-mo, se o sabes. Onde está o caminho para a morada da luz? E,
quanto às trevas, onde é o seu lugar, para que as conduzas aos seus
limites e discirnas as veredas para a sua casa? Tu o sabes, porque
nesse tempo eras nascido e porque é grande o número dos teus dias!
Acaso, entraste nos depósitos da neve e viste os tesouros da saraiva,
que eu retenho até ao tempo da angústia, até ao dia da peleja e
da guerra? Onde está o caminho para onde se difunde a luz e se
espalha o vento oriental sobre a terra? Quem abriu regos para o
aguaceiro ou caminho para os relâmpagos dos trovões; para que se
faça chover sobre a terra, onde não há ninguém, e no ermo, em que
não há gente; para dessedentar a terra deserta e assolada e para
fazer crescer os renovos da erva? Acaso, a chuva tem pai? Ou quem
gera as gotas do orvalho? De que ventre procede o gelo? E quem
dá à luz a geada do céu? As águas ficam duras como a pedra, e a
superfície das profundezas se torna compacta. Ou poderás tu atar
as cadeias do Sete-estrelo ou soltar os laços do Órion? Ou fazer
aparecer os signos do Zodíaco ou guiar a Ursa com seus filhos?
Sabes tu as ordenanças dos céus, podes estabelecer a sua influência
sobre a terra? Podes levantar a tua voz até às nuvens, para que a
abundância das águas te cubra? Ou ordenarás aos relâmpagos que
saiam e te digam: Eis-nos aqui? Quem pôs sabedoria nas camadas
de nuvens? Ou quem deu entendimento ao meteoro? Quem pode
numerar com sabedoria as nuvens? Ou os odres dos céus, quem os
pode despejar, para que o pó se transforme em massa sólida, e os
torrões se apeguem uns aos outros?

Quando lançamos sementes na terra, após alguns dias
regando, nasce um broto, cresce uma planta e dentro de algum
tempo haverá novos frutos; muitos outros processos naturais, como,
por exemplo, o ciclo das chuvas, têm seu funcionamento conhecido,
apesar de não serem vistos. Assim é a magia, sempre existiu, temos
documentos antigos que provam sua existência.

O problema é que pessoas mal-intencionadas ou mal-informadas associam a magia a mistérios inexplicáveis, a malefícios, e pior, exploram a falta de conhecimento e o medo da maioria das pessoas para assustá-las, tiram proveito e até ganham dinheiro. Infelizmente, a magia é mistificada e vulgarizada, e ainda é tratada com medo e preconceito.

Qualquer pessoa pode se tornar um praticante de magia, desde que saiba o que é e como praticá-la.

A magia é a arte de ver e sentir o poder da natureza, de manipular e usar esse poder com sabedoria, seja para o bem ou, infelizmente, para o mal.

A natureza é viva; ar, plantas, árvores, frutos, folhas e flores, animais, água doce de rios e fontes, mares e oceanos, terras e pedras, até mesmos nos meteoritos poderá ser encontrada vida. Em rituais de magia essa energia viva é manipulada, usando-se e misturando-se esses elementos para algum benefício.

Aprender a retirar as substâncias ativas das plantas, manipular, misturar e utilizar para ajudar alguém ou a si mesmo é magia.

Aprender a utilizar a energia da terra e das pedras, compreender que levaram milhões de anos para se formar, que testemunharam séculos e eras de transformação e evolução da Terra, estavam aqui na era dos dinossauros, na era dos humanos primitivos, serviram como instrumentos de sobrevivência e como amuletos para o homem primitivo, utilizadas como monumentos milenares. As rochas e pedras formam planetas e galáxias, o universo é formado pelos minerais, diversos tipos de pedras com bilhões de anos viajam por galáxias antes de entrar na atmosfera da Terra e, após milhões de anos, são encontradas pelo ser humano. As pedras são eternas. A cada ano são catalogadas formações de rochas e pedras diferentes, essa história deve ser respeitada por qualquer pessoa que deseja praticar magia.

Tenha respeito pela vida, seja qualquer tipo, vegetal, animal, mineral ou qualquer tipo de matéria que contenha uma história.

Já se sabe que magia é a arte de manipular a energia das coisas.

Há escritores que definem a magia como sendo a possibilidade de transformar sonhos em realidade, de se ligar ao invisível, às energias da natureza. Todo corpo irradia energia, saber usá-la para transformação é uma arte. A energia que está dentro de nós é capaz de interagir com a energia de outros corpos ou seres da natureza.

Lucas 8:46-48 – *Contudo, Jesus insistiu: Alguém me tocou, porque senti que de mim saiu poder (energia). Vendo a mulher que não podia ocultar-se, aproximou-se trêmula e, prostrando-se diante dele, declarou, à vista de todo o povo, a causa por que lhe havia tocado e como imediatamente fora curada. Então, lhe disse: Filha, a tua fé te salvou; vai-te em paz.*

Outros escritores afirmam que a magia é a ciência ainda não compreendida ou pouco explicada. É ver sem os olhos, sentir sem tocar, simplesmente fazer acontecer.

A partir do século XXI, temos múltiplas definições a partir da Inteligência Artificial (IA).

A magia é uma prática esotérica que busca manipular energias e forças invisíveis à percepção humana, pouco ou nada conhecidas ainda, para alcançar objetivos específicos.

Existem várias formas de magia, incluindo:

- magia Cerimonial, que usa rituais e cerimônias para invocar forças espirituais. Esta foi condenada pelo Deus da Bíblia;
- magia Simbólica, que usa símbolos, imagens e técnicas para acessar e manipular a consciência e o psicológico de outros.
- magia Prática, que aplica técnicas cotidianas na elaboração de chás e elixires.

- magia Natural, que trabalha manipulando a natureza e seus elementos – terra, ar, fogo e água. Esta é mais científica, as ciências naturais como Química, Física, Dinâmica, Óptica e Biologia já a explicam;

- magia Contemporânea, que foca em autoconhecimento e transformação pessoal, usando a própria energia ativa interior para realização de alguma coisa, por exemplo, passe de cura, Reiki, leitura de cartas.

Os Princípios Básicos da magia são definir claramente as intenções, desejos e objetivos, visualizar mentalmente essas intenções, criando imagens mentais vividas, depois canalizando as energias para o objetivo. Por fim, aguardar a materialização do resultado por meio da fé. **Marcos 11:24 -** *Por isso, vos digo que tudo quanto em oração pedirdes, crede que recebestes, e será assim convosco.*

Mateus 21:22 - *e tudo quanto pedirdes em oração, crendo, recebereis.*

O Praticante de magia iniciante deve evitar, ou ter muito cuidado, ao manipular energias desconhecidas, ou na interferência em processos naturais, para não atrair entidades negativas, ou pior, para não perder o controle sobre o resultado.

Existem inúmeros relatos de magia na História, desde a Pré-História, nas pinturas rupestres, as civilizações extintas e não decifradas ainda; no Antigo Egito, a magia cerimonial e simbólica; na Grécia Antiga, a magia natural e filosófica; na Idade Média, a magia cerimonial e mística; na Renascença, a alquimia, e a descoberta do poder de cura dos minerais; no século XX, com o ressurgimento da prática da magia moderna, no início do século XXI, o esoterismo e a magia com avanços tecnológicos e o intercâmbio de experiências com as tecnologias de informação, comunicação e transporte, que permitem que muitos segredos e mistérios sejam revelados e desmistificados.[1]

A internet, com suas ferramentas de pesquisa, se transformou no Oráculo do século XXI.

Um oráculo é uma fonte de sabedoria, orientação e inspiração.

Podem ser sábios, mestres espirituais, videntes; livros sagrados e escrituras, ou objetos, como tarô, runas, I Ching.

Um Oráculo pode ser a interpretação de sonhos, visões, intuições ou lugares, locais sagrados, templos, natureza.

Os Oráculos são consultados para obter respostas para perguntas, na orientação para decisões, ou para obter compreensão de si mesmo, se conectar com o Divino, para ter uma previsão sobre o futuro.

Alguns oráculos famosos foram: o Oráculo de Delfos, na Grécia Antiga; o Tarô de Rider-Waite; o I Ching, da China Antiga; as Runas Nórdicas; o oráculo de ossos na África, a Biblioteca de Alexandria, no Egito Antigo; e Urim e Tumim, uma espécie de instrumento de consulta ao próprio Deus, citado pela a Bíblia Sagrada, em **Êxodo 28, 30** - *Também porás no peitoral do juízo o Urim e o Tumim, para que estejam sobre o coração de Arão, quando entrar perante o Senhor;*

---

1   Até o ano de 1500, só eram conhecidos os tratamentos das doenças através de plantas e substâncias extraídas de animais, ou seja, os médicos eram alquimistas.
O médico e alquimista Phillipus Aureolus Theophrastus Bombastus von Hohenheim, conhecido como Paracelso (1493-1541) descobriu a cura de algumas doenças através de porções estipuladas de medicamentos à base de minerais, propondo que existe uma forte interação benéfica dos minerais e metais com a saúde humana.
É desse famoso alquimista a frase "Todas as substâncias são veneno, não existe nada que não seja veneno. Somente a dose correta diferencia o veneno do remédio".
Há milênios os xamãs já sabiam que o poder da cura espiritual está dentro de nós, e que, aliado ao poder das plantas, animais e minerais, servem para nossa cura e equilíbrio físico, emocional e espiritual.

assim, Arão levará o juízo dos filhos de Israel sobre o seu coração diante do Senhor continuamente.

Levítico 8:8 - *Depois, lhe colocou o peitoral, pondo no peitoral o Urim e o Tumim;*

Números 27:21 - *Apresentar-se-á perante Eleazar, o sacerdote, o qual por ele consultará, segundo o juízo de Urim, perante o Senhor; conforme a sua palavra sairão, e conforme a sua palavra entrarão, ele e todos os filhos de Israel com ele, e toda a congregação.*

Deuteronômio 33:8 - *E de Levi disse: Dá, ó Deus, o Teu Tumim e teu Urim para o homem, teu fidedigno, que tu provaste em Massá, com quem contendeste nas águas de Meribá.*

Urim significa "Luzes" ou "Iluminação", e Tumim "Perfeição" ou "Integridade".

Sua função era a Consulta divina, em que o Sumo Sacerdote usava Urim e Tumim para obter respostas de Deus para guiar decisões importantes e para o Julgamento da Nação Santa de Israel, no auxílio do julgamento de questões disputadas.

O Sumo Sacerdote colocava Urim e Tumim no peito, fazia uma pergunta, e a resposta era simbólica, com luzes ou sombras.

Mágica: a arte de entreter o público dando a ilusão de que algo impossível ou sobrenatural aconteceu. Os praticantes dessa arte chamam-se ilusionistas ou mágicos.

Os ilusionistas aparentam desafiar as leis naturais da física, más, seus espetáculos não têm nada de sobrenatural, são ilusões criadas por meios naturais, porém imperceptíveis.

O ilusionismo é uma das mais antigas formas de entretenimento. Na Bíblia tem relatos de mágicos que se aproveitavam da ingenuidade e desconhecimento do povo.

Atos 8:9-11 - *Ora, havia certo homem, chamado Simão, que ali praticava a mágica, iludindo o povo de Samaria, insinuando ser ele grande vulto; ao qual todos davam ouvidos, do menor ao maior, dizendo: Este homem é o poder de Deus, chamado o Grande Poder. Aderiam a ele porque havia muito os iludira com mágicas.*

Existem milhares de registros de atuações, que foram descobertos ser ilusionismo. Houve épocas que os ilusionistas eram vistos como possuidores de poderes sobrenaturais.

Mítico: o que se baseia ou se desenvolve a partir de um mito, algo com origem na fantasia, na ficção fabulosa, lendária, inventado pela imaginação humana.

Mitologia: pode se referir tanto ao estudo de mitos como a um conjunto de mitos.

Os mitos eram uma forma utilizada para ensinar lições ao povo, passar conhecimentos e saberes, sobre a criação do mundo e como era percebido, e sobre lições de moral e boa convivência, e muitos mitos eram repassados oralmente, outros foram registrados e preservados sua escrita.

Lenda: narrativa transmitida oralmente através dos tempos, de geração após geração. As lendas combinam fatos reais e históricos, com fatos irreais e fantasiosos. Uma lenda pode ser também verdadeira e fazer parte da identidade e da ancestralidade de um povo.

Folclore: é a cultura popular, é a identidade social de um povo por meio de suas criações culturais, coletivas ou individuais.

Tradição: a continuidade ou permanência de uma doutrina, visão de mundo, costumes e valores de um grupo social ou escola de pensamento.

Misticismo: o contato com uma divindade, verdade espiritual ou Deus/deuses mediante a experiência direta ou intuitiva.

Ocultismo: "o conhecimento do oculto". Falaremos agora do conhecimento do paranormal, o conhecimento contrário ao conhecimento do explicável.

O ocultismo teria as suas origens em tradições antigas, nas civilizações mesopotâmicas, antiga Suméria, na Babilônia, Assírios, no antigo Egito. Envolve aspectos como magia, alquimia, e a cabala, que é uma doutrina mística de uma ala do judaísmo, que busca a compreensão de Deus e do universo.

O ocultismo tem relação com o misticismo, sobrenatural, inexplicável e desconhecido, e também com o esoterismo, os conhecimentos raros e bem guardados, tendo influência das religiões e das filosofias orientais, como yoga, hinduísmo, budismo, taoísmo, confucionismo, xintoísmo.

Enfim, o ocultismo, que não é considerado uma religião, mas somente o "estudo do oculto", podendo ou não envolver rituais e práticas ocultas, vem sofrendo evolução com o passar do tempo, agregando influências, práticas e conhecimentos de muitos povos e culturas, desde o início dos tempos registrados pelo homem.

Ocultismo não é sinônimo de magia negra ou satanismo, como muitos pensam.

As escrituras sagradas, como a Bíblia, o Alcorão e o Tao Te Ching, contêm ensinamentos esotéricos, com o objetivo de buscar a compreensão profunda da realidade, da natureza humana e do divino.

Alquimia: prática que combina e manipula elementos da Química, Física, Biologia, Medicina, Misticismo, Espiritualismo, Arte, Antropologia, Astrologia, Filosofia, Metalurgia, Matemática, e o estudo dos Sinais e da Simbologia. É reconhecido que, apesar de não ter caráter científico, a Alquimia foi uma fase importante na qual se desenvolveram muitos dos procedimentos e conhecimentos que mais tarde foram utilizados pela química, medicina, ou seja, foi um embrião para a evolução tecnológica.

A alquimia foi praticada desde tempos remotos, pelas civilizações mais antigas na terra que se tem relato. Na Mesopotâmia, Egito Antigo, Império Persa, Índia, China, Grécia, no Império Romano, no Império Islâmico e pelo povo Hebreu, e nas Américas, na África e na Europa do período clássico, que corresponde aos séculos VI a IV a.C. O principal desafio da alquimia e seus praticantes era a descoberta da pedra filosofal, que era o procedimento de transmutar metais em ouro, e em produzir o elixir da longa vida, para obter a imortalidade. Esse conceito dos primórdios da humanidade retrata os anseios humanos, de ter uma vida longa com saúde, para usufruir dos benefícios das riquezas e da abundância.

Paranormal: qualquer evento fora da explicação científica, e que fuja da compreensão humana, que sejam sobrenaturais, fora da normalidade.

Parapsicologia: o estudo dos fenômenos paranormais com o uso do método científico, a fim de provar verdadeiras ou falsas as teorias das ocorrências paranormais.

A parapsicologia estuda telepatia, clarividência, telecinesia, experiências de quase morte, reencarnação, mediunidade e outras atividades paranormais e sobrenaturais, como, por exemplo, locais assombrados, aparições e comunicação com mortos e qualquer outro caso não explicado pela ciência, ou que seja fora da compreensão humana.

A Bíblia Sagrada é fonte de fenômenos paranormais de telepatia, clarividência, aparições e muitos outros, que aceitamos normalmente e acreditamos como verdades, milhões de pessoas em todo o planeta baseiam suas crenças e norteiam sua vida por esses ensinamentos.

2 Samuel 24:11 - *Levantando-se, pois, Davi pela manhã, veio a palavra do Senhor ao profeta Gade, vidente de Davi...*

1 Crônicas 26:28 - *Como também tudo quanto havia dedicado Samuel, o vidente, e Saul filho de Quis, e Abner filho de Ner, e Joabe filho de Zeruia; tudo quanto qualquer pessoa havia dedicado sob os cuidados de Selomite e seus irmãos.*

Amós 7:12 - *Então Amazias disse a Amós: Vai-te, ó vidente, foge para a terra de Judá, e ali come o teu pão, e ali profetiza;*

1.1 ALGUNS TIPOS DE FENÔMENOS PARANORMAIS

Existem muitas definições conforme os dicionários e autores, estas que seguem são as mais simples possíveis para se ter uma noção e diferenciar os temas.

Aparição: aparecimento de um ente espiritual reconhecido que poderá se comunicar ou não, apenas se torna visível.

Lucas 1:11-13 - *E eis que apareceu a Zacarias um anjo do Senhor, em pé, à direita do altar do incenso. Vendo-o, Zacarias turbou-se, (ficou assustado), e apoderou-se dele o temor. Disse-lhe, porém, o anjo: Zacarias, não temas, porque a tua oração foi ouvida.*

Clarividência: habilidade de uma pessoa de prever eventos futuros ou descrever eventos passados.

Juízes 4:9 - *Ela respondeu: Certamente, irei contigo, porém não será tua a honra da investida que empreendes; pois às mãos de uma mulher o Senhor entregará a Sísera. E saiu Débora e se foi com Baraque para Quedes.*

Materialização: Avistamento de vultos, imagens, ou quando um espírito altera a aparência de um médium.

Marcos 9:4-8 - *E lhes apareceu Elias com Moisés, e estavam falando com Jesus. Então Pedro, tomando a palavra, disse a Jesus:*

— Mestre, bom é estarmos aqui. Façamos três tendas: uma para o senhor, outra para Moisés e outra para Elias.

Pois não sabia o que dizer, por estarem eles apavorados. A seguir, veio uma nuvem que os envolveu; e dela veio uma voz que dizia: — Este é o meu Filho amado; escutem o que ele diz!

E, de repente, olhando ao redor, não viram mais ninguém com eles, a não ser Jesus.[2]

Mediunidade: habilidade de uma pessoa mediar a comunicação entre os espíritos dos mortos e pessoas vivas.

Evangelho Segundo o Espiritismo, de Allan Kardec: "A mediunidade não é uma arte, nem um talento, pelo que não pode tornar-se uma profissão. Ela não existe sem o concurso dos Espíritos; faltando estes, já não há mediunidade".

1 Samuel 28:3 - *Samuel já havia morrido, e todo o Israel o tinha chorado e o tinha sepultado em Ramá, que era a sua cidade. Saul havia desterrado os médiuns e os adivinhos.*

1 Samuel 28:7-8 - *Então Saul disse aos seus servos: — Procurem uma mulher que seja médium, para que eu me encontre com ela e a consulte. Os servos responderam: — Há uma mulher em En-Dor que é médium. Saul se disfarçou, vestiu outras roupas e se foi, acompanhado de dois homens. Chegaram de noite à casa da mulher, e Saul lhe disse: — Peço que você adivinhe para mim pela necromancia e me faça subir aquele que eu lhe disser.*

1 Samuel 28:15 - *Samuel perguntou a Saul: — Por que você foi me perturbar, fazendo-me subir? Então Saul disse: — É que estou muito angustiado, porque os filisteus guerreiam contra mim, e Deus se afastou de mim e já não me responde, nem pelo ministério dos profetas, nem por sonhos. Por isso o chamei para que você me revele o que devo fazer.*

---

[2] Elias e Moisés eram falecidos havia séculos.

Passe de cura: é a imposição das mãos sobre a pessoa para aliviar seu sofrimento, seja físico ou psicológico, e também para reequilibrar o corpo físico e emocional.

Lucas 4:40 - *Ao pôr do sol, todos os que tinham enfermos de diferentes moléstias lhos traziam; e ele os curava, impondo as mãos sobre cada um.*

Possessão: fenômeno em que uma pessoa se encontra física ou psicologicamente em posse de um espírito mau e perseguidor.

Marcos 5:2-5 - *Ao desembarcar, logo veio dos sepulcros, ao seu encontro, um homem possesso de espírito imundo, o qual vivia nos sepulcros, e nem mesmo com cadeias alguém podia prendê-lo; porque, tendo sido muitas vezes preso com grilhões e cadeias, as cadeias foram quebradas por ele, e os grilhões, despedaçados. E ninguém podia subjugá-lo. Andava sempre, de noite e de dia, clamando por entre os sepulcros e pelos montes, ferindo-se com pedras.*

Premonição: aviso ou advertência por meio de sensação, pensamento, sonho ou visão do que está para acontecer, uma intuição.

Gênesis 37:5-6 - *Teve José um sonho e o relatou a seus irmãos; por isso, o odiaram ainda mais. Pois lhes disse: Rogo-vos, ouvi este sonho que tive:*

Incorporação: diferente da possessão, onde a pessoa é tomada forçosamente, é obrigada a se misturar com o espírito mau, o incorporado é conectado, é misturado com uma entidade ou espírito para comunicação com outras pessoas.

1 Coríntios 6:19 - *Acaso, não sabeis que o vosso corpo é santuário do Espírito Santo, que está em vós, o qual tendes da parte de Deus, e que não sois de vós mesmos?*

Quiromancia: é a habilidade de conhecer o destino das pessoas pelo exame das mãos.

Provérbios 3:16 - *O alongar-se da vida está na mão direita, na sua esquerda, riquezas e honra.*

Telepatia: habilidade de uma pessoa de ler os pensamentos, e até se comunicar por meio da mente com outra pessoa, mesmo estando fisicamente separadas.

Atos 16:9 - *À noite, Paulo teve uma visão na qual um homem da Macedônia estava em pé e lhe rogava, dizendo: — Passe à Macedônia e ajude-nos.*

Xenoglossia: habilidade do médium, quando em transe, de falar idiomas que lhes são desconhecidos.

Atos 2:4 - *Todos ficaram cheios de Espírito Santo e passaram a falar em outras línguas, segundo o Espírito lhes concedia que falassem.*

Psicografia: é a comunicação do médium com os espíritos por meio de escrita, desenho ou pintura.

Daniel 5:24-31 - *Então, da parte dele foi enviada aquela mão que traçou esta escritura. Esta, pois, é a escritura que se traçou: Mene, Mene, Tequel e Parsim.*

Esta é a interpretação daquilo: Mene: Contou Deus o teu reino e deu cabo dele.

Tequel: Pesado foste na balança e achado em falta.

Peres: Dividido foi o teu reino e dado aos medos e aos persas.

Então, mandou Belsazar que vestissem Daniel de púrpura, e lhe pusessem cadeia de ouro ao pescoço, e proclamassem que passaria a ser o terceiro no governo do seu reino.

Naquela mesma noite, foi morto Belsazar, rei dos caldeus.

E Dario, o medo, com cerca de sessenta e dois anos, se apoderou do reino.

Existe outros fenômenos paranormais que não possuem registro na Bíblia, porém muitas pessoas testemunharam essas experiências paranormais.

Psicometria: é a captação, pelo médium, por meio da clarividência, do passado, por meio de um objeto.

Telecinesia: habilidade de uma pessoa de movimentar objetos sem tocá-los, com sua força mental ou psíquica.

Bruxa, personagem folclórica, imaginativa criada para assustar e vender histórias, o correto é chamarmos de Praticante de magia. Geralmente a bruxa é retratada como uma senhora idosa horrível, enrugada, com muitas verrugas e até defeitos estéticos e físicos, para associar o praticante de magia ao feio. Foram criadas histórias assustadoras de bruxas cozinhando crianças e animais em caldeirões, para associar essas personagens a algo nojento e desprezível, para assustar e afastar as pessoas da realidade.

Muitos mitos e estórias surgiram no decorrer dos séculos, nos tempos modernos temos até filmes retratando tradições e mitos em volta do esoterismo e da magia, como, por exemplo, o mito da sexta-feira 13.

A superstição diz que nas sextas-feiras 13 as "bruxas estão soltas". Por esse motivo, muitos acreditam que na Idade Média as bruxas foram caçadas e queimadas em uma sexta-feira 13.

Porém, o que se conhece dessa história é que, provavelmente, em uma sexta-feira 13 de outubro de 1307, a Ordem do Templo é acusada de traição à Igreja, pelo Papa, que pressionou o rei da França a mandá-los para a prisão. Os Cavaleiros Templários que não conseguiram fugir da Europa foram massacrados e aniquilados nesse dia. Outra hipótese histórica é que os Cavaleiros Templários enriqueceram mais que os nobres e o próprio rei, adquiriram mais respeito e poder que o próprio clero, e isso levou à fúria do rei e da Igreja, que caçou e massacrou os Cavaleiros Templários em uma sexta-feira 13.

Muitos autores concordam com essa ideia.

Existem outras versões, como a origem do medo da sexta--feira 13, relacionando-o com a Santa Ceia. Jesus e os 12 apóstolos cearam juntos na Quinta-feira Santa. Judas, o traidor, foi o 13º a sentar-se à mesa.

Outra teoria é a superstição nórdica: nessa mitologia, o deus Odin tinha 12 companheiros, mas quando um 13º membro se juntou, o deus Loki, este trouxe azar.

Esses mitos, no século XXI, com todo avanço tecnológico do conhecimento e da informação, ainda norteiam a vida de muitas pessoas, alguns religiosos não permitem que os filhos participem de festas e brincadeiras na escola, ou de atividades envolvendo o Halloween, nem assistam filmes com temáticas envolvendo bruxas ou seres sobrenaturais por terem medo de estarem fazendo algo errado aos olhos de Deus.

Pessoas evitam fazer negócios nesse dia, outras nem saem de casa, para, na dúvida, não terem nenhum azar.

Portanto...

- Esoterismo não é religião, é conhecimento raro que poucas pessoas possuem.

- Magia não é ocultismo, trabalha com forças da natureza, não com poderes sobrenaturais. Resumindo, magia não é evento sobrenatural, sem explicação, que altera leis naturais universais.

O esotérico pode ter sua fé, crença ou religião, ou simplesmente não professar nenhum credo, simplesmente conhece a natureza e faz uso de sua energia.

Ao mesmo tempo, o pode aliar suas crenças, fé ou filosofia à prática do esoterismo/magia, porém, mesmo sem rituais religiosos, as forças da natureza agirão se corretamente manipuladas, independentemente de fé ou crença, porque elas realmente existem.

- Magia é a manipulação e o uso do poder e das forças da natureza, seja para o bem ou para o mal.

- Bruxa de nariz comprido, má, voando em vassouras, fazendo poções mágicas no caldeirão, ou fazendo prodígios sobrenaturais com a varinha mágica é um personagem mítico criado para depreciar a imagem de pessoas que praticam magia, para assustar quem se aproximasse de um esotérico praticante de magia.

- Verrugas, pintas, cicatrizes ou marcas de nascença no passado podiam ser consideradas provas de que uma mulher era bruxa.

- O praticante de magia é uma pessoa normal e pode ter boa aparência, apenas tem conhecimento esotérico e faz uso dele. Não necessariamente usa vestimenta especial, pode vestir-se modestamente, ter emprego, estudar, ter um cônjuge, filhos.

- O praticante de magia tem muitos amigos e muita alegria por ter conhecimento e o poder de ajudar as pessoas, suas poções são manipuladas para o bem, seu caderno de anotações, ou dispositivo eletrônico, contém seus conhecimentos esotéricos.

Capítulo 2

BREVE HISTÓRIA SOBRE ESOTERISMO, DA MAGIA E A CAÇA ÀS BRUXAS

No final da Idade Média, a partir do ano de 1300, foram sacrificadas muitas vidas humanas devido à prática de magia, para amedrontar e controlar a população, unificar o povo em apenas uma religião, ou mesmo por medo do poder de certas pessoas, principalmente mulheres, por deter conhecimento prático.

Durante essa época muitas mulheres foram aprisionadas, torturadas e assassinadas, por serem consideradas bruxas, curandeiras, e de algum modo muitas eram líderes em suas comunidades, e tinham seus discípulos para dar continuidade ao conhecimento e a seu trabalho. Esse fato não era aceito pelos líderes daquele sistema, que não aceitaram dividir poder com as camponesas que detinham o poder da cura e ainda adoravam os seres antigos que deram esse conhecimento ao ser humano.

A "Santa Inquisição", criada no século 12, em 1184, considerava herege quem propagasse ideias, interpretações e conceitos rejeitados pelo sistema religioso dominante naquela época, quem ousasse contrariar os ensinos, doutrinas e ações da igreja. Somente séculos depois, a bruxaria passou a ser considerado uma heresia.

Por volta de 1320 d.C., o papa João XXII inclui a bruxaria na lista de heresias. Até então, muitos dos próprios clérigos poderiam ser acusados dessa heresia devido ao enorme interesse e conhecimento de alguns deles sobre alquimia e magia.

O livro da Inquisição não era usado por inquisidores, mas sim por tribunais seculares, em especial durante a Renascença. Quem queimava os acusados de bruxaria era o Estado, não o clero. Só nos Estados Papais, onde a Igreja também era a autoridade secular, a Inquisição tinha poder para executar.

Talvez o preço dessa matança tenha sido a falta de conhecimento prático, o que desencadeou pragas e doenças que ninguém sabia controlar, apenas a fé e as rezas não controlariam essas pragas e doenças. A falta do conhecimento das marés, luas, métodos de fertilização e limpeza da terra produzia pouco alimento; a fome intensa, aliada às pestilências, e a superpopulação das cidades com falta de saneamento básico, foram alguns fatores que dizimou a Europa medieval.

Claro que esse conhecimento prático era associado a rituais para os deuses considerados pagãos, o que suscitou a fúria do sistema dominante daquela época. As curas, a saúde, a fertilidade e a prosperidade da população estavam sendo atribuídas aos deuses, aos seres que havia muito tempo deram esse conhecimento, e a igreja não poderia permitir a adoração e o culto a outros deuses.

A religião antiga pregava o matriarcado, o culto ao Sagrado Feminino, era uma época em que a mulher era o centro, eram deusas, seu ciclo era sagrado, significava a fertilidade e a vida, a terra era a Grande Mãe Sagrada, venerada e cultuada pelos ciclos de chuvas e colheitas, as praticantes de magia andavam livremente praticando sua arte e seus rituais associados à religião.

O sistema político governamental no mundo ocidental do fim da Idade Média e início da Idade Moderna, com o sistema de governo absolutista, impôs um sistema social em que os homens detinham todo o poder e autoridade, política e religiosa, moral, possuíam todos os privilégios sociais e controle total da propriedade e da família, dominando, muitas vezes com tirania, mulheres, crianças e pessoas de outras etnias que não fossem europeias.

A Igreja fazia mal uso das palavras da Bíblia Sagrada alegando que o homem tinha superioridade sobre a mulher conforme **1 Coríntios 11:3** - *Quero, entretanto, que saibais ser Cristo o cabeça de todo homem, e o homem, o cabeça da mulher, e Deus, o cabeça de Cristo.*

Todo e qualquer sucesso deveria ser atribuído a um único Deus, e a cura se daria pela fé. Esse novo conhecimento foi passado de geração em geração por séculos, os reis e exércitos viviam e agiam em acordo com o ensino da Igreja, por esse motivo, até o início do século XXI a magia ainda é um tabu. Imagine uma comunidade fervorosamente religiosa, cheia de tabus, preconceitos e medos, em uma época de grande desconfiança, em que tudo era motivo para graves acusações com tribunais religiosos, inquisitivos e implacáveis. Nesse cenário, uma senhora idosa, ou mesmo solteira com certa idade, à noite sai para a rua, para sua horta, a fim de exterminar pragas noturnas como lesmas e caracóis, ou mesmo insetos noturnos que roem as folhas das verduras e hortaliças; quem a visse fazendo isso provavelmente poderia suspeitar e até denunciar essa mulher, porém, caso ela não fizesse isso, durante o dia, no sol as pragas se recolhem, deixando os vegetais roídos ou exterminados, apenas rezar para colher vegetais não adiantaria, esse extremismo levaria uma mulher inocente a um tribunal inquisitório, ou levaria à falta de determinados vegetais.

A falta de conhecimento das toxinas de algumas plantas levaria uma pessoa a consumi-las de maneira errada e ter consequências drásticas, levando a população a acreditar que essa pessoa está sob feitiço ou encantamento, sendo que apenas está sob efeito de planta ou alimento tóxico ou alucinógeno. Esse fato pode ser confirmado com a leitura do livro *As Bruxas de Salém*[3], que narra a condenação de alguns homens e muitas mulheres a tribunais inquisitórios e à morte na forca, acusados de feitiçaria, sendo que as suas supostas vítimas estavam envenenadas por esporos tóxicos de fungos de certos cereais comuns à população.

2.1 MALLEUS MALEFICARUM

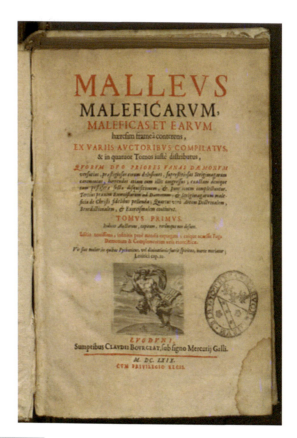

---
[3] As bruxas de Salém foram tema de livros, peças teatrais e filmes. Foram fatos reais ocorridos em 1692, na cidade de Salém, em Massachusetts, nos Estados Unidos da América. Mais de duzentas pessoas foram acusadas de bruxaria, e vinte foram executadas. Esse evento é considerado um dos casos mais notórios de histeria em massa da história. O desconhecimento científico e a intolerância religiosa devido à má interpretação da Bíblia, aliados à histeria em massa, geraram perseguição e morte de muitos inocentes.

O *Malleus Maleficarum*, conhecido como *Martelo das Feiticeiras*, ou *Martelo das Bruxas*, é um livro escrito em 1486 pelos monges dominicanos Heinrich Kramer e Jacob Sprenger. Esse livro foi um guia para a perseguição e execução de pessoas acusadas de bruxaria a partir do séc. XV, abordando a definição de bruxaria e suas formas, identificação de sinais e sintomas de possessão demoníaca, métodos de interrogatório e tortura, procedimentos para julgamento e condenação e supostas provas de bruxaria, como voos, transformações e pactos com o diabo.

Existiam muitos outros manuais inquisitórios para a perseguição as pessoas acusadas de bruxaria, porém o *Malleus Maleficarum* foi o mais célebre e notório conhecido até o século XX. Objeto de estudo da história da bruxaria, é considerado uma fonte primária importante para entender a mentalidade medieval e pós-medieval e *insights* sobre a perseguição religiosa e política. É analisado no estudo da psicologia coletiva, ilustra como a histeria coletiva pode ser planejada e manipulada.

Um dos livros mais populares da época, recebeu aprovação do Papa Inocêncio VIII, o que lhe deu credibilidade.

O impacto histórico desse livro consolidou estereótipos negativos sobre mulheres, influenciou a Inquisição Espanhola e Portuguesa e contribuiu para a histeria coletiva dos eventos em 1692, na cidade de Salém.

Baseado em superstição e ignorância científica, promoveu violência, intolerância e muitas violações dos direitos humanos no uso indevido da religião para justificar perseguições.

Portanto...

O Tribunal da "Santa Inquisição" ou "Santo Ofício" tinha por principal objetivo caçar hereges, na maioria homens ricos, nobres e educados, que possuíam poder, alguns parentes ou conselheiros de reis e clérigos, que sabiam manipular a natureza e a ciência, intitulavam-se alquimistas, porém, alguns destes intelectuais se recusavam a prostrar-se para o domínio da Igreja, ou ainda homens da ciência que tentavam explicar fenômenos da natureza com a lógica ao invés de tentar explicá-los com a fé.

Só a partir do século XIV, no ano de 1300, voltou-se à caça às mulheres praticantes de magia, já no final da Idade Média, com o reforço da edição do *Malleus Maleficarum*, publicado em 1486, já na Idade Moderna.

As pessoas consideradas bruxas, conheciam ervas e plantas medicinais, que aliados a procedimentos e rituais considerados pagãos, poderiam levá-las ao Tribunal Inquisitório sob acusação de bruxaria e adoração ao Demônio.

Marcas e sinais de nascença nas meninas, principalmente em locais erógenos, que poderiam incluir colo, nádegas e pernas, eram considerados marcas do demônio, um sinal de que aquela mulher foi tocada pelo diabo, portanto era uma bruxa.

Mais pessoas foram sacrificadas na Idade Moderna, entre os anos de 1453 d.C. a 1789 d.C., do que na Idade Média. É equívoco achar que a caça às bruxas ocorreu somente no período medieval, quando teve início, seu ápice foi na Idade Moderna, e não apenas a Igreja é responsável por essas mortes inequívocas, mas o protestantismo também é, sendo que muitos tabus, preconceitos e medos acerca da prática da magia vêm da religiosidade passada de geração após geração.

A associação antiga feita pela igreja e pelo protestantismo da magia com satanismo, feitiços e malefícios levaram à perda ou à raridade de certos conhecimentos e práticas que atualmente têm escopo científico.

Portanto, pessoas que fazem rezas, orações e recitam mantras, fazem simpatias, benzeduras e garrafadas, podem ser consideradas como bruxas típicas ou praticantes de magia.

Página do Malleus Maleficarum - Parte I

As acusações de bruxaria eram mais por suspeitas de pacto com o demônio do que por manipular energias da natureza através de ervas e plantas. As supostas bruxas eram suspeitas de manterem relações sexuais com o diabo para obterem seus poderes para o mal e para encantar os homens para obter vantagens, em troca serviriam ao diabo para sempre, lhe dando a alma.

ESOTERISMO E MAGIA NO SÉCULO XXI: EXPLICADO COM O USO DA BÍBLIA SAGRADA

Parte II

Em uma época onde os homens dominavam a sociedade, as mulheres eram reprimidas e subjugadas, deveriam assumir apenas o papel de esposas, mães e freiras. Qualquer ganho financeiro vinha de um homem. A sexualidade feminina era controlada pelos homens, porque acreditavam na superioridade do homem sobre a mulher, ensinado pela Igreja. Assim, com as guerras, pestilências, fim do sistema feudal, o êxodo do povo do campo e o surgimento das cidades, nasceu a oportunidade das mulheres conseguirem algum ganho, para obterem uma vida melhor sem tanta privação, inicia assim a vontade de controlar a sexualidade e a natalidade, muitas mulheres queriam evitar a gestação, por isso muitas foram acusadas e executadas baseado no livro Malleus Maleficarum no capítulo 6 "as bruxas neutralizam a força da procriação".

Parte III

Inúmeras e inequívocas acusações levariam pessoas a fogueira ou a forca, principalmente mulheres, na maioria das vezes questões políticas, mulheres com muitas propriedades, servos e dinheiro, viúvas ou solteiras, sem filhos, corriam o risco de ser acusadas de bruxaria, pois se fossem executadas suas posses iriam para as mãos do parente masculino mais próximo, ou para a Igreja. Mulheres líderes nas aldeias ou nas cidades, que representassem risco de insurreição, seria eliminada como o pretexto de embruxar os homens para seus propósitos de rebelião contra o sistema, ou simplesmente a mulher que se negasse ao papel de satisfazer seu marido e parir.

1 Timóteo 5:14-15 – Quero, portanto, que as viúvas mais novas se casem, criem filhos, sejam boas donas de casa e não deem ao adversário ocasião favorável de maledicência. Pois, com efeito, já algumas se desviaram, seguindo a Satanás.

Portanto...

Bruxa foi uma definição depreciativa para pessoas acusadas de pacto com o demônio, a acusação de bruxaria era pretexto para executar alguém que se entrepusesse aos interesses dos homens poderosos do final da Idade Média até o final do século XIX. A maioria dos acusados eram mulheres, baseado em uma obra escrita por eclesiásticos inquisidores, apoiados pelo papa da época. Este manual para inquisidores se baseava em textos e interpretações da Bíblia Sagrada, que refletiam normas patriarcais de um determinado povo no contexto Oriente Médio na antiguidade.

Textos mal utilizados no Malleus Maleficarum, para diminuir o valor da mulher na sociedade:

Levíticos 12:2-5 – Fala aos filhos de Israel: Se uma mulher conceber e tiver um menino, será imunda sete dias; como nos dias da sua menstruação, será imunda. E, no oitavo dia, se circuncidará ao menino a carne do seu prepúcio. Depois, ficará ela trinta e três dias a purificar-se do seu sangue; nenhuma coisa santa tocará, nem entrará no santuário até que se cumpram os dias da sua purificação. Mas, se tiver uma menina, será imunda duas semanas, como na sua menstruação; depois, ficará sessenta e seis dias a purificar-se do seu sangue.

Levíticos 27:3-7 - *Se o objeto da tua avaliação for homem, da idade de vinte anos até à de sessenta, será a tua avaliação de cinquenta siclos de prata, segundo o siclo do santuário. Porém, se for mulher, a tua avaliação será de trinta siclos. Se a idade for de cinco anos até vinte, a tua avaliação do homem será de vinte siclos, e a da mulher, de dez siclos. Se a idade for de um mês até cinco anos, a tua avaliação do homem será de cinco siclos de prata, e a tua avaliação pela mulher será de três siclos de prata. De sessenta anos para cima, se for homem, a tua avaliação será de quinze siclos; se mulher, dez siclos.*

1 Timóteo 2:11-15 - *A mulher aprenda em silêncio, com toda a submissão. E não permito que a mulher ensine, nem exerça autoridade de homem; esteja, porém, em silêncio. Porque, primeiro, foi formado Adão, depois, Eva. E Adão não foi iludido, mas a mulher, sendo enganada, caiu em transgressão. Todavia, será preservada através de sua missão de mãe, se ela permanecer em fé, e amor, e santificação, com bom senso.*

Êxodo 22:18 - *A feiticeira não deixarás viver.*

Assim, disseminaram e propagaram as ideias de bruxaria, satanismo, culto em adoração ao diabo para obter poder, relações sexuais ilícitas com o diabo e extermínio de gestações, promovendo extensas acusações criminais por bruxaria, por interesses políticos, financeiros ou escusos, gerando a caça às bruxas.

No início do século XXI, apesar da evolução tecnológica e científica, ainda acontece a confusão, de associar magia ou o uso das forças da natureza para o benefício, com satanismo, culto ao diabo, e o pior, associar com a religião de matriz africana. Gerando medo e preconceito.

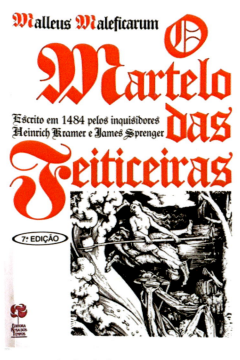

Edição em português do final do século XX com o objetivo de pesquisa e estudo.

Por estes motivos vistos até aqui, se faz necessários estudos, olhar para o passado para compreender os problemas atuais, esclarecer os fatos, para evitar repetir confusões, preconceitos, discriminação e segregação cultural com determinados povos. Para evitar que se repitam as atrocidades dos séculos XIV ao XIX, com seus resquícios em forma de lendas, mitos e tradições ainda presentes no início do século XXI.

Nas Escrituras Sagradas não há menção dessa palavra bruxa, porém Deus condena expressamente a feitiçaria, encantamento e invocação de espíritos para o mal. Portanto praticar a magia para o bem, é semelhante o uso das palavras, pode ser para o bem ou para o mal, o livre arbítrio dado por Deus que fará a diferença.

Capítulo 3

QUEM PODE PRATICAR A MAGIA E QUAIS OS BENEFÍCIOS?

Muitas pessoas nascem com dons, habilidades ou facilidade de desenvolver a magia. Podem ser descendentes de pessoas que a praticavam e essa informação pode ser herdada de uma geração à outra. Algumas pessoas podem ter observado ou pode ter sido ensinado por alguém que praticou ou pratica magia. Outras podem simplesmente ter curiosidade e procurar esse conhecimento, estudá-lo e praticá-lo.

Algumas pessoas vão aprender bem, praticar bem e com consciência, vão realizar coisas muito boas para si próprio e para outros. Depende da própria pessoa, seu interesse e força de vontade para aprender, sua disposição e energia, e até de seus recursos financeiros empregados para aprender e praticar uma boa magia.

Outras pessoas talvez não sejam tão bem sucedidas na sua prática de magia, seja por preguiça de estudar e se dedicar, seja por medo ou tabus, ou talvez por sua motivação errada, algumas não conseguirão entender, nem compreender, nem praticar a magia.

Qualquer pessoa pode ter o conhecimento da magia e praticá-la para benefício próprio e para ajudar outros.

Algumas das forças que regem o universo são a frequência, a vibração e a vontade. Se nossa força de vontade (podemos comparar a fé) for o suficiente para vibrarmos na frequência do universo, poderemos fazer muitas coisas boas.

Hebreus 11:3 - *Pela fé, entendemos que foi o universo formado pela palavra de Deus, de maneira que o visível veio a existir das coisas que não aparecem.*

Em **Salmos 148:2-12 -** *"Louvem o Senhor, todos os seus anjos; louvem-no, todos os seus exércitos celestiais"...*

O que significa louvar ao Senhor?

Louvor é o ato de enaltecer e glorificar algo ou alguma coisa; exaltar a ação de alguém ou de uma divindade. No cristianismo, o louvor é praticado por meio de canções, danças, cultos e demais manifestações de adoração a Deus.

O poder da vibração do som é visto no texto de **Josué 6:4-5** - *"Sete sacerdotes levarão sete trombetas de chifre de carneiro adiante da arca; no sétimo dia, rodeareis a cidade sete vezes, e os sacerdotes tocarão as trombetas. E será que, tocando-se longamente a trombeta de chifre de carneiro, ouvindo vós o sonido dela, todo o povo gritará com grande grito; o muro da cidade cairá abaixo, e o povo subirá nele, cada qual em frente de si".*

A motivação é essencial, tudo que é vivo tem energia e vibração, semelhante à energia elétrica, os seres humanos possuem energias positivas e negativas e podem ser neutras também, é essencial saber controlar e canalizar a própria energia corporal na hora de praticar a magia. É essencial aprender, acreditar e vibrar com aquilo que estamos praticando.

Cada matéria transmite uma radiação, exemplo são os órgãos humanos que são interligados ao cérebro, assim uma pessoa que perde a visão logo desenvolve o tato, pessoas mutiladas sentem os órgãos retirados. O cérebro capta ondas que não são visíveis aos olhos. Outro exemplo prático são os galhos de pessegueiro verdes usados para descobrir água no subsolo. Muitos animais, inclusive domésticos, sentem e reagem quando se aproxima uma tempestade. Isso é energia, não vista, mas sentida.

A magia não tem mistério, não tem segredo, não tem misticismo, não é crime nem pecado. A magia é científica, mesmo que ainda não se tenha as respostas, ainda não temos o conhecimento de certos porquês, devido ao gradual processo de aprendizagem humano, porém, tudo tem explicação plausível, a magia é racional, explicável, portanto é ciência. A magia é real e verdadeira. Por isso, o Praticante de magia é o elo de ligação entre o elemento invisível e o mundo real.

Todos os seres vivos possuem corpo físico formado por átomos e moléculas associado a um corpo de energia formado por pensamentos conscientes e inconscientes, ou seja, a energia biológica e a energia invisível.

Exemplo clássico de transmissão de energia é a torcida nos campos de futebol, corridas ou eventos esportivos, em que as pessoas se levantam, erguendo os braços, acompanhando vibração sonora em uníssono, gritando palavras de incentivo ou o nome dos atletas, que, mesmo cansados e já sem fôlego ou motivação, são tomados de uma onda de energia, reagindo e muitas vezes vencendo sem explicação quase no final do tempo.

Mateus 17:20 - *E ele* [Jesus Cristo] *lhes respondeu: Por causa da pequenez da vossa fé. Pois em verdade vos digo que, se tiverdes fé como um grão de mostarda, direis a este monte: Passa daqui para acolá, e ele passará. Nada vos será impossível.*

Não significa retirar montanhas e rochas do lugar, é realizar obras grandes e incríveis.

Quando uma pessoa passa a acreditar e desejar alguma coisa realizável e justa, sentir genuína vontade. Conforme a Bíblia Sagrada, em **Efésios 1:17-18**, *"Para que o Deus de nosso Senhor Jesus Cristo, o Pai da glória, vos dê em seu conhecimento o espírito de sabedoria e de revelação; Tendo iluminados os olhos do vosso entendimento, para que saibais qual seja a esperança da sua vocação, e quais as riquezas da glória da sua herança nos santos".*

O olho da sabedoria se abre, passando a ver, perceber e compreender com mais clareza, a vibrar na frequência do seu universo particular, da sua alma e consciência, sendo possível realizar obras incríveis. Independentemente se a pessoa é cristã ou não, seja praticante do credo que for ou não praticar nada, simplesmente realizará a obra que desejar.

3.1 MIASMAS

Há 2.500 anos, o médico grego Hipócrates explicava o processo saúde/doença por meio do que ele chamou de Teoria dos Miasmas, que dizia que as doenças são transmitidas pelo ar, águas e outros locais insalubres.

Mais tarde, outros médicos e cientistas também afirmavam que algumas doenças teriam origem nos miasmas, energias advindas de odores e cheiros fétidos, tóxicos e venenosos provenientes de matéria orgânica em putrefação nos solos e lençóis freáticos contaminados, pântanos, de poças d'água estagnadas, nos acúmulos de lixos conhecidos por lixões ou aterros, com muita matéria orgânica em decomposição, tempos depois foi descoberto ser gazes produzidos da reação química da fermentação de matéria orgânica sob ação das bactérias aliado aos ratos, baratas, e outros animais transmissores de doenças. Muitas das medidas correntes de saúde pública, tais como o enterro de cadáveres, a implementação de sistemas de esgotos, coleta dos lixos e a drenagem de pântanos resolveram o problema das doenças sanitárias. Existem as energias e vibrações positivas, neutras, negativas, e energias que nossos cinco sentidos não detectam, não conhecemos ainda.

Somos capazes de detectar apenas um milionésimo das energias que existem no universo descoberto. A ciência conseguiu acessar um pequeno número de forças, algumas ainda não consegue explicar nem manipular. Provavelmente, a força acessada e utilizada por muitos xamãs, bruxos e feiticeiros do início da civilização humana, para curar, ajudar e fazer seus prodígios, no futuro com mais evolução do estudo e do conhecimento, sejam descobertas e explicadas cientificamente.

O Miasma Espiritual, um tipo de vibração exclusivamente negativa, cria diversas consequências para o nosso plano físico e espiritual.

Imagine que uma pessoa foi brutalmente assassinada em um cômodo de uma sala, ou em um quarto, líquidos e fluídos saíram de seu corpo, sangue, urina, lágrimas, saliva, talvez solte pedaços de pele e cabelos pelo chão e pelas paredes. Atualmente sabemos que esse material biológico contém informações genéticas do indivíduo, seus registros pessoais estão nessas células espalhadas pelo cômodo.

Mesmo que feita a limpeza e higienização do cômodo, ainda assim, caso seja feita superficialmente ou com produtos não adequados, ficarão resquícios desse material biológico no local.

Não enxergamos porque essas partículas de informações são pequenas em níveis micro e nanoscópicos, e nossos olhos não evoluíram, não foram programados para enxergarmos coisas tão pequenas, nem tão rápidas quanto a velocidade da luz, por esse motivo não enxergamos os vírus e as bactérias microscópicas.

Após algum tempo, uma criança ou uma pessoa muito sensível às energias biológicas talvez possa acessar algumas informações, talvez ela possa enxergar vultos e formas humanas, ver imagens borradas, sombras, uma espécie de holograma, ou ainda sentir sensações inexplicáveis e cheiros estranhos.

Muitos classificariam essas visões como fantasmas ou aparições, porém, esses fantasmas ou espíritos, muito comuns em cemitérios, sanatórios e manicômios, casas de detenção ou casas onde ocorreram crimes brutais, violência e muito sofrimento, não se materializam, apenas passam pela pessoa, não falam, nem tocam, duram apenas segundos, podemos afirmar que são miasmas, acesso a registros biológicos de material que permaneceu ali com essas informações.

. No texto bíblico de **Gênesis 4:10**, após Caim assassinar seu irmão Abel, o próprio Deus disse: "Que fizeste? A voz do sangue de teu irmão clama da terra a mim".

Não restam dúvidas que os registros são reais e que muitas pessoas mais acessíveis a esses registros veem, ouvem e sentem informações de pessoas falecidas. Tudo é energia, e energia não se destrói, morre a matéria, a energia será empregada em outro projeto do universo. É como uma lâmpada, após o fim de sua vida útil ela queima, deixa de brilhar e a descartamos, porém a corrente de energia continua fluindo nos fios, trocamos a lâmpada e a luz continua brilhando.

Os miasmas são energias negativas deixadas para trás que podem se manifestar e ser acessadas pelos seres vivos. Os indianos, milênios atrás, já falavam da Akáshia, de registros akáshicos, ou seja, uma espécie de registro de todos os eventos, pensamentos, palavras, emoções e intenções humanas que já ocorreram no passado, no presente ou no futuro, codificados em um plano de existência não físico conhecido como plano etérico. São como informações registradas em um CD, *pendrive* ou HD. Os registros akáshicos são os arquivos de todas as informações presentes em nossas vidas passadas, presentes e futuras. São a memória viva de todo o vivenciado em nossas existências, a memória ancestral que herdamos de nossos antepassados nos níveis emocional, mental e físico, registrada em nosso DNA e RNA de cada célula.

3.2 REGISTROS AKÁSHICOS

Após a morte física da matéria do indivíduo, sua consciência com suas vivências e memórias retorna para o universo e posteriormente poderá ser acessado, é como um arquivo público disponível para acesso. Conforme **Eclesiastes 12:7** – *e o pó volte à terra, como o era, e o espírito volte a Deus, que o deu.*

Os Registros Akáshicos são como um infinito banco de dados em que está registrado tudo que aconteceu, acontece no momento do agora, vai acontecer no futuro e suas múltiplas possibilidades. É como uma rede infinita de informações que a tudo permeia, mantendo viva a memória do Universo.

Para o cristianismo e o judaísmo, esses registros estão no Livro da Vida, no qual está tudo anotado, todas as informações das pessoas desde que nascem até sua morte, e esses registros serão acessados por Deus no dia do Juízo Final.

Apocalipse 20:12-13 - *E vi os mortos, grandes e pequenos, que estavam diante de Deus, e abriram-se os livros; e abriu-se outro livro, que é o da vida. E os mortos foram julgados pelas coisas que estavam escritas nos livros, segundo as suas obras. E deu o mar os mortos que nele havia; e a morte e o inferno deram os mortos que neles havia; e foram julgados cada um segundo as suas obras*

Outro exemplo são as placas de quartzo que armazenam grande quantidade de informação. Essas informações podem ser preservadas por tempo indefinido.

Assim é o universo, todo os acontecimentos em suas dimensões são gravados e preservados na memória universal, que algumas pessoas tem o dom de acessar, mesmo que inconscientemente e sem intenção.

Muitas vezes, as aparições que pessoas veem em locais de crime ou mesmo em cemitérios, uma espécie de visão de seres humanos já falecidos, duram alguns segundos sem qualquer som ou contato, provavelmente sejam acessos a um registro akáshico.

Muitos livros sagrados antigos, inclusive a Bíblia, falam desses registros, e da existência de um livro de registro de Deus.

Apocalipse 20:12 - *Vi também os mortos, os grandes e os pequenos, postos em pé diante do trono. Então, se abriram livros.*

Ainda outro livro, o Livro da Vida, foi aberto. E os mortos foram julgados, segundo as suas obras, conforme o que se achava escrito nos livros.

A hipnose é uma forma terapêutica de o indivíduo se conectar com os seus registros akáshicos, significa entrar em contato com a própria verdade, é uma conexão profunda com a própria alma, buscando compreensão e respostas a partir de experiências vividas no passado inconsciente, com o objetivo de buscar cura, bem-estar, e alívio físico, e espiritual.

3.2.1 Fantasmas, aparições e assombrações

Todos já ouviram histórias ou conhecem alguém que diz ter visto ou falado com pessoas já falecidas, ou, inclusive, terem recebido informações importantes dessas pessoas que já partiram.

Algumas histórias tratam de pessoas que veem eventos, flashes ou formas humanas desconhecidas, como se vissem um filme.

Outras histórias contadas são sobre espíritos maus, em formas horrendas, para amedrontar quem as vê.

Pessoas que afirmam ver essas aparições normalmente são idôneas, não teriam porque mentir, são muitas vezes idosos que não possuem má-fé e imaginação para inventar histórias ou mentir. Muitas aparições são contadas por pessoas diferentes em idade e cultura, em locais e épocas diferentes com a mesma semelhança.

Essas pessoas não fazem uso de nenhum tipo de droga ou alucinógeno, nem sofrem de distúrbios mentais, psicológicos ou traumas. Anos após anos contam as mesmas histórias com a mesma coerência e riqueza de detalhes.

Portanto, esses fatos merecem pesquisa, estudos e nossa atenção.

A Bíblia está cheia desses casos de clarividência, profecias e visões, e sonhos, considerados dons espirituais.

Por exemplo, os profetas do antigo testamento

Números 12:6 - *Então, disse: Ouvi, agora, as minhas palavras; se entre vós há profeta, eu, o Senhor, em visão a ele, me faço conhecer ou falo com ele em sonhos.*

Jó 33:14-18 - *Pelo contrário, Deus fala de um modo, sim, de dois modos, mas o homem não atenta para isso. Em sonho ou em visão de noite, quando cai sono profundo sobre os homens, quando adormecem na cama, então, lhes abre os ouvidos e lhes sela a sua instrução, para apartar o homem do seu desígnio e livrá-lo da soberba; para guardar a sua alma da cova e a sua vida de passar pela espada.*

Isaías 1:1 - *Visão de Isaías, filho de Amoz, que ele teve a respeito de Judá e Jerusalém, nos dias de Uzias, Jotão, Acaz e Ezequias, reis de Judá.*

Ezequiel 1:1 - *Aconteceu no trigésimo ano, no quinto dia do quarto mês, que, estando eu no meio dos exilados, junto ao rio Quebar, se abriram os céus, e eu tive visões de Deus.*

Ezequiel 40:2 - *Em visões, Deus me levou à terra de Israel e me pôs sobre um monte muito alto; sobre este havia um como edifício de cidade, para o lado sul.*

José no Egito: **Gênesis 40:5-8 -** *E ambos sonharam, cada um o seu sonho, na mesma noite; cada sonho com a sua própria significação, o copeiro e o padeiro do rei do Egito, que se achavam encarcerados. Vindo José, pela manhã, viu-os, e eis que estavam turbados. Então, perguntou aos oficiais de Faraó, que com ele estavam no cárcere da casa do seu senhor: Por que tendes, hoje, triste o semblante? Eles responderam: Tivemos um sonho, e não há quem o possa interpretar. Disse-lhes José: Porventura, não pertencem a Deus as interpretações? Contai-me o sonho.*

Genesis 40:14-16 - *Então, Faraó mandou chamar a José, e o fizeram sair à pressa da masmorra; ele se barbeou, mudou de* roupa e foi apresentar-se a Faraó. Este lhe disse: *Tive um sonho, e não há quem o interprete. Ouvi dizer, porém, a teu respeito que, quando ouves um sonho, podes interpretá-lo. Respondeu-lhe José: Não está isso em mim; mas Deus dará resposta favorável a Faraó.*

E Daniel interpretou sonhos. Daniel 2:1-49. No versículo 30 diz: *E a mim me foi revelado este mistério, não porque haja em mim mais sabedoria do que em todos os viventes, mas para que a interpretação se fizesse saber ao rei, e para que entendesses as cogitações da tua mente.*

As conhecidas Visões de Apocalipse, de João de Patmos (Apocalipse, 1, 1-22).

As profecias sobre Jesus (Isaías, 7, 14; 9, 6-7, Miqueias, 5, 2-5); Jesus previu sua morte e ressurreição (Mateus, 16, 21; 17, 22-23; 20, 17-19).

A Bíblia está repleta de relatos de previsões de sonhos, e visões do futuro.

Todas as religiões servem-se da magia, tanto as crenças espiritualistas, cristãs ou místicas usam a magia mesmo que inconscientemente, apenas pelo fato de ler e consultar a Bíblia, um livro considerado sagrado, comprovadamente com fatos místicos, sobrenaturais e esotéricos, portanto, a magia é natural.

Não existe o sobrenatural, as energias que existem no universo foram colocadas por Deus em seu devido lugar, cabe ao homem descobrir, se assim Deus permitir.

O mundo espiritual e o físico são um, coexistindo um com o outro, nós apenas não captamos as forças que operam a magia com nossos limitadores cinco sentidos.

A ciência já abriu muitos caminhos, admitimos a existência de energias que aparelhos podem detectar, como o raio-X, as radiações ionizantes, o ultrassom e muitas outras conhecidas popularmente. Portanto acreditar, aceitar e utilizar forças de energias que não conhecemos é uma tendência natural, pois inconscientemente sabemos que somos uma centelha de vida da energia que nos projetou. Precisamos nos despir de preconceitos, que nos colocaram como verdades durante séculos, e usufruir da liberdade de pensar e questionar.

2 Coríntios 10:4-5 - *Porque as armas da nossa milícia não são carnais, e sim poderosas em Deus, para destruir fortalezas, anulando nós sofismas (mentiras que acreditamos ser verdades) e toda altivez que se levante contra o conhecimento de Deus, e levando cativo todo pensamento à obediência de Cristo.*

Com o surgimento das câmeras de vídeo e dos dispositivos fotográficos que captam imagens e sons com mais velocidade e nitidez, muitas pessoas em diferentes partes do mundo têm captado fatos e imagens muito perturbadores. No futuro teremos explicações, com o uso da evolução tecnológica e o avanço dos estudos da mente humana, física e emocional.

Semelhantemente a alguns animais da natureza, somos telepáticos inconscientemente, talvez na hora de agonia, sofrimento, medo ou morte, a pessoa consiga se comunicar telepaticamente com alguém próximo.

O fato é que algum gatilho emocional, não visível e ainda sem explicação, quando acionado, possibilita a uma pessoa ver e ouvir coisas registradas pelo universo, permitindo que veja realmente o que já aconteceu. Nosso desconhecimento desse mecanismo nos faz duvidar dessas histórias, o que não significa que não são reais, pois, apesar de desconhecermos como funciona o mecanismo do telefone celular, sabemos usá-lo e aceitamos suas funções bem reais que, no início do século XX, seriam impossíveis de acreditar, não sabemos explicar, mas aceitamos como reais, porém seria praticamente impossível explicá-las a alguém de séculos anteriores ao século XXI.

Provavelmente no futuro saberemos como funciona o acesso ao mundo etéreo e aos registros akáshicos, e até mesmo será possível acessá-los quando necessário.

Os olhos humanos, por exemplo, quando uma pessoa passa por uma rua, registram como uma câmera em movimento, a visão periférica, a profundidade ocular e a acuidade visual, irá registrando no cérebro, que funciona como um HD vivo, capaz de processar essas informações conforme a perspectiva pessoal, um processo personalizado conforme as emoções, e durante o sono, o cérebro e o corpo, tanto físico como o espírito, a consciência e as emoções, a mente em inércia, em repouso, podem produzir imagens e emoções inconscientes que no outro dia darão a impressão de ter vivido uma situação de repente irreal, ou de ter passado por algum lugar que realmente não passou, ou de conhecer uma pessoa que provavelmente nunca viu.

Portanto...

- alguns relatos ou histórias sobrenaturais contadas por pessoas idôneas, como se fossem reais, podem ser uma verdade que apenas não foi explicada;

- caso experimente a sensação de ter um acesso a um registro passado, ver uma aparição ou ser aterrorizado por uma visão horrenda, não tenha medo, controle as emoções, porque na negativa de estar sofrendo forte estresse, doença mental ou sob efeito de substância alucinógena, essas aparições desaparecerão e provavelmente não farão parte do cotidiano. Nesse caso, não há razão para ter medo;

- aceite que muitos fatos que ainda não possuem explicações não deixam de ser reais e verdadeiros, com a evolução humana e tecnológica os fatos reais serão desvendados.

- as pessoas com fé têm mais facilidade de ver, compreender e aceitar fatos incompreendidos, como disse Jesus em Mateus 5:8: "os puros de coração verão a *Deus*";

- caso seja ou conheça uma pessoa de percepção rara que acessa outras dimensões, mesmo que inconscientemente, que comprovadamente não possua distúrbio mental ou emocional, não esteja sob efeito de substância alucinógena, procure um especialista que estude esses fatos, não tenha vergonha ou medo de obter informações ou ajuda profissional especializada;

- muitas doenças raras antigamente eram tratadas erroneamente, até mesmo levando quem sofria desse mal à morte. Atualmente explicamos e tratamos anomalias raras cientificamente. Semelhantemente, todo e qualquer fato sobrenatural, no devido tempo, será esclarecido, conforme a Bíblia Sagrada, em Marcos 4:22: "*Porque nada há encoberto que não haja de ser manifesto; e nada se faz para ficar oculto, mas para ser descoberto*".

Capítulo 4

HISTÓRIA DO ESOTERISMO E DA MAGIA A PARTIR DO SÉCULO XXI

Vamos conhecer brevemente mais um pouco da história, escrita depois do século XXI, para desmistificar a magia, perder o medo e o preconceito e nunca permitir que charlatães se aproveitem da falta de conhecimento do que é a magia.

Desde os tempos antigos a magia é relacionada à religião, é praticamente impossível dissociar uma da outra, a necessidade do ser humano de buscar e agradar seus deuses por meio de rituais e do uso dos poderes da natureza para se aproximar das divindades, para agradar seu suposto criador.

Existem muitas teorias sobre o início da vida, sobre o surgimento do ser humano, a teoria científica que ainda busca provas visíveis e palpáveis para explicar a evolução das espécies e as teorias baseadas na fé.

Existe, ainda, um seleto grupo de cientistas, arqueólogos e estudiosos renomados que convergem essas teorias buscando provar que no passado fomos visitados por seres superiores vindos de outras dimensões e de outros espaços, esses seres evoluídos possuíam poderes e davam certa medida desses poderes a alguns seres humanos escolhidos para seu propósito, serviam de mediadores entre o povo primitivo e os seres superiores chamados de deuses, esses humanos escolhidos eram chamados de sacerdotes, feiticeiros, xamãs, enfim, eram líderes espirituais de seu povo, e essa prática garantia uma sociedade controlada, ordeira e próspera.

Na Bíblia Sagrada confirmamos que o próprio Deus deu habilidades para os humanos e ainda permitiu que seus ministros ou anjos também concedessem um pouco de poder aos seres humanos daquela época para realizar prodígios de acordo com sua vontade.

Êxodo 31:1-11 - *Depois, falou o Senhor a Moisés, dizendo: Eis que eu tenho chamado por nome a Bezalel, filho de Uri, filho de Hur, da tribo de Judá, e o enchi do Espírito de Deus, de sabedoria, e de entendimento, e de ciência em todo artifício, para inventar invenções, e trabalhar em ouro, e em prata, e em cobre, e em lavramento de pedras para engastar, e em artifício de madeira, para trabalhar em todo lavor. E eis que eu tenho posto com ele a Aoliabe, filho de Aisamaque, da tribo de Dã, e tenho dado sabedoria ao coração de todo aquele que é sábio de coração, para que façam tudo o que te tenho ordenado, a saber, a tenda da congregação, e a arca do Testemunho, e o propiciatório que estará sobre ela, e todos os móveis da tenda; e a mesa com os seus utensílios, e o castiçal puro com todos os seus utensílios, e o altar do incenso; e o altar do holocausto com todos os seus utensílios e a pia com a sua base; e as vestes do ministério, e as vestes santas de Arão, o sacerdote, e as vestes de seus filhos, para administrarem o sacerdócio; e o azeite da unção e o incenso aromático para o santuário; farão conforme tudo que te tenho mandado.*

Êxodo 35:31-35 - *E o Espírito de Deus o encheu de sabedoria, entendimento e ciência em todo artifício, e para inventar invenções, para trabalhar em ouro, e em prata, e em cobre, e em artifício de pedras para engastar, e em artifício de madeira, para trabalhar em toda obra esmerada. Também lhe tem disposto o coração para ensinar a outros, a ele e a Aoliabe, filho de Aisamaque, da tribo de Dã. Encheu-os de sabedoria do coração, para fazer toda obra de mestre, e a mais engenhosa, e a do bordador, em pano azul, e em* púrpura, e em carmesim, e em linho fino, e a do tecelão, fazendo toda obra e inventando invenções.

Esses seres superiores evoluídos vindos de outras dimensões foram chamados de deuses, entidades, anjos caídos. Em determinada época eles partiram, voltaram para suas dimensões, porém o ser humano continuou seguindo os ritos e credos ensinados a fim de aguardar o retorno de seus deuses. Conforme a Bíblia, o Deus de Israel também deu poderes a seres humanos, inclusive para fazer prodígios e para a ressurreição.

Êxodo 4:2-8 – *E o Senhor disse-lhe: Que é isso na tua mão? E ele disse: Uma vara. E ele disse: Lança-a na terra. Ele a lançou na terra, e tornou-se em cobra; e Moisés fugia dela. Então disse o Senhor a Moisés: Estende a tua mão e pega-lhe pela cauda. E estendeu sua mão, e pegou-lhe pela cauda, e tornou-se em vara na sua mão.*

Êxodo 7:8-12 – *E o Senhor falou a Moisés e a Arão, dizendo: Quando Faraó vos falar, dizendo: Fazei vós um milagre, dirás a Arão: Toma a tua vara, e lança-a diante de Faraó; e se tornará em serpente. Então Moisés e Arão foram a Faraó, e fizeram assim como o Senhor ordenara; e lançou Arão a sua vara diante de Faraó, e diante dos seus servos, e tornou-se em serpente. E Faraó também chamou os sábios e encantadores; e os magos do Egito fizeram também o mesmo com os seus encantamentos. Porque cada um lançou sua vara, e tornaram-se em serpentes; mas a vara de Arão tragou as varas deles.*

Poder de Ressurreição temporário, dado a um humano.

2 Reis 4:32-36 – *E, chegando Eliseu àquela casa, eis que o menino jazia morto sobre a sua cama.*

Então entrou ele, e fechou a porta sobre eles ambos, e orou ao Senhor. E subiu à cama e deitou-se sobre o menino, e, pondo a sua boca sobre a boca dele, e os seus olhos sobre os olhos dele, e as suas mãos sobre as mãos dele, se estendeu sobre ele; e a carne do menino aqueceu. Depois desceu, e andou naquela casa de uma parte para a outra, e tornou a subir, e se estendeu sobre ele, então o menino espirrou sete vezes, e abriu os olhos. Então chamou a Geazi, e disse: Chama esta sunamita. E chamou-a, e veio a ele. E disse ele: Toma o teu filho.

O tempo passou, e com a evolução da mente humana, com as descobertas tecnológicas, mudança da paisagem física e geológica da terra, mudanças políticas e sociais, os feiticeiros, bruxos e magos perderam seus poderes, pois os seres poderosos partiram. não tinha mais quem desse poder a algum humano escolhido, as próximas gerações de bruxos e líderes espirituais agora teriam conhecimento e não poder.

Afirmar que um ser humano, hoje, tem poderes é leviano, é verdade que tudo é relativo e temos que ter mente aberta ao desconhecido, que a mente humana ainda tem muitos mistérios, porém não é em qualquer lugar e em abundância que se encontrará pessoas com poder, com habilidades; com conhecimento prático, sim, porém com poder é praticamente impossível.

Portanto, pessoas que manipulam elementos afirmando que são capazes e que podem fazer o impossível, fazer milagres, tranquilamente podem ser chamadas de charlatãs, impostoras. No máximo, podem ter conhecimento prático da alquimia das plantas e dos seres vivos, da sinergia da água, terra e dos minerais, nunca poder.

A magia está nos compostos fitoterápicos em uma simples xícara de chá com ervas fervidas em água para uma cólica menstrual ou em um recém-nascido. Raízes, cascas, brotos, folhas, frutos e flores, cada um tem substâncias, e algumas podem ser tóxicas, outras não podem ser misturadas pois são letais, saber manipular essas substâncias é magia.

Usar plantas, como certas espécies de feijões, para limpeza da terra contaminada, ou uso de certas algas para purificação da água, o uso do sal ou vinagre para limpeza, esterilização e purificação de superfícies também é uma forma de magia.

Êxodo 15:23-27 – *Então chegaram a Mara; mas não puderam beber das águas de Mara, porque eram amargas; por isso chamou-se o lugar Mara.*

E o povo murmurou contra Moisés, dizendo: Que havemos de beber?

E ele clamou ao Senhor, e o Senhor mostrou-lhe uma árvore, que lançou nas águas, e as águas se tornaram doces. Ali lhes deu estatutos e uma ordenança, e ali os provou.

Manipular e controlar o fogo para adubar e enriquecer a terra, para extrair substâncias das plantas. Extrair substâncias e peçonhas dos animais sem matá-los para uso benéfico do ser humano também é magia.

1 Timótheo 5:23 – *Não bebas mais água só, mas usa de um pouco de vinho, por causa do teu estômago e das tuas frequentes enfermidades.*

Manipular sentimentos e emoções próprios e de outros para eliminar lembranças e sentimentos ruins, isso é magia.

O uso de cordas com contas para repetir orações, recitar mantras que produzem vibrações benéficas ao espírito e ao coração, contribuem para equilíbrio e saúde mental da pessoa, isso é magia.

1 Samuel 16:14-17, 23 - *E o Espírito do Senhor se retirou de Saul, e atormentava-o um espírito mau da parte do Senhor. Então os criados de Saul lhe disseram: Eis que agora o espírito mau da parte de Deus te atormenta; Diga, pois, nosso senhor a seus servos, que estão na tua presença, que busquem um homem que saiba tocar harpa, e será que, quando o espírito mau da parte de Deus vier sobre ti, então ele tocará com a sua mão, e te acharás melhor. Então disse Saul aos seus servos: Buscai-me, pois, um homem que toque bem, e trazei-mo. [...] E sucedia que, quando o espírito mau da parte de Deus vinha sobre Saul, Davi tomava a harpa, e a tocava com a sua mão; então Saul sentia alívio, e se achava melhor, e o espírito mau se retirava dele.*

Saber usar a cromoterapia para acalmar um bebê ·ou até para acalmar alguém em surto. Saber usar a energia das pedras milenares para curar desde uma simples dor de cabeça até ataques de ansiedade, isso é magia.

Esse conhecimento infinito está disponível para qualquer pessoa, sem o risco de ser presa e até morta, queimada em uma fogueira, por obter e praticar esse conhecimento.

Claro que todo conhecimento traz responsabilidade. O conhecimento de substâncias tóxicas, de manipulação de fórmulas letais ou mesmo de manipulação da mente humana, deve ser canalizado apenas para o bem, com respeito e ética. Toda pessoa adulta é responsável pelos seus atos. Nada justifica usar magia para fazer maldades aos outros, toda ação desencadeia uma reação, quer na dimensão física ou espiritual todos receberão de volta seus atos.

A magia não vai fazer o impossível, o praticante não será imortal, ainda não foi descoberto o elixir da vida eterna, porém terá saúde total, longevidade.

A maioria não ficará rica, mas terá prosperidade e abundância, o que precisar para viver bem com a família e até excedente para dividir com outros em necessidade. Lembre-se que só poderá ajudar os outros se tiver recursos para as próprias necessidades e o excedente.

Terá paz, alegria e satisfação, terá força moral para vencer os obstáculos naturais da vida e resiliência para passar as situações que não podem ser controladas.

Evitará situações desagradáveis e desnecessárias por deter certos conhecimentos práticos da vida.

Procurar curar uma pessoa em fase terminal é plausível e deve-se tentar até o final, enquanto respira deve ser tratada, porém não se pode ressuscitar os mortos, mesmo que alguma literatura antiga afirme que seja possível e já tenha sido feito em um passado distante. Atualmente isso é impossível, a ciência ainda não ultrapassou essa barreira, não se sabe cientificamente o que acontece com os mortos, só resta aceitar esse fato e apoiar a família, usar energia e conhecimento de poções para acalmar os entes queridos que ficaram neste plano.

O praticante de magia evita falar o que ninguém sabe, antes, ajuda os enlutados com seus chás que consolam e acalmam, com seus elixires que curam a alma. Busque esse conhecimento em várias literaturas, cruze informações e veja o melhor para sua realidade. Quanto mais praticar, melhor ficará.

O praticante de magia moderno deve ter saúde física e mental, ter força física para o trabalho, ter disposição e energia para praticar o bem. Sempre terá recursos materiais para si e sua família, e ainda ajudar os outros. Deve ser afastado e protegido do mal. Possui e transmite paz, alegria e amor, sempre tem uma palavra amiga de consolo e esperança,

Salmos 34:18 - *Perto está o Senhor dos que têm o coração quebrantado e salva os de espírito oprimido.*

2 Corintios 1:3-5 - *Bendito seja o Deus e Pai de nosso Senhor Jesus Cristo, o Pai de misericórdias e Deus de toda consolação! É*

ele que nos conforta em toda a nossa tribulação, para podermos consolar os que estiverem em qualquer angústia, com a consolação *com que nós mesmos somos contemplados por Deus. Porque, assim como os sofrimentos de Cristo se manifestam em grande medida a nosso favor, assim também a nossa consolação transborda por meio de Cristo.*

Sempre tem uma receitinha mágica para ajudar as pessoas. Tem brilho próprio e as pessoas em volta agradecem por isso, e as que não o conhecem sentem que ele ou ela é especial.

3 João 1:12 - *Amado, desejo que te vá bem em todas as coisas, e que tenhas saúde, assim como bem vai a tua alma.*

O praticante de magia é inteligente, pois lê e estuda muito, busca cada vez mais conhecimento prático e usa com abundância para o bem.

O praticante de magia sabe que não possui poderes mágicos, possui conhecimento e põe seus saberes em prática com verdade e boas intenções, somente para o bem de todos.

O praticante de magia aprende sempre. Tem humildade e respeito para receber o conhecimento, e sempre que possível o repassa e divide com outras pessoas, apenas aquelas que acreditam e que farão bom uso dele, e sempre com cuidado para repassar as informações e sem alterações próprias. Caso faça suas alterações em alguma magia ou acrescente algum elemento e dê certo, informa a todos que as alterações são suas, sabe as consequências de seus atos. Tem responsabilidade pelos seus atos. Pratica somente o bem, usa a magia para benefício próprio e das pessoas que ama e que quer bem, ama a vida seja como for, agradece a existência da magia.

Lembre-se sempre de evitar:

- charlatões, e aquelas matérias que complicam e mistificam ou até denigrem a prática da magia;

- fazer sortilégio (magia para amor); pode dar certo, e a pessoa amada ser conquistada ou retornar, porém você estará manipulando o livre arbítrio dessa pessoa, ela virá para seus braços sem compreender o que houve, será como um boneco, virá com uma carga negativa, ela veio para sua vida obrigada e ninguém é feliz e nem faz outra pessoa feliz se for um escravo, mesmo que inconsciente. Então, seria melhor fazer um sortilégio (magia), para se libertar dessa paixão não correspondida, limpar sua mente e coração para outra pessoa mais compatível aparecer;

- vampirismo; um vampiro energético é sugador de energia. É uma pessoa que consciente ou inconscientemente, se alimenta e suga sua energia física e emocional. São pessoas que ocupam muito espaço de sua vida, pedindo muita atenção e cuidados, fazendo-o se sentir culpado por não tratarem como merecem, nada é suficiente para agradar essa pessoa. Um sugador energético pode ser um amigo ou familiar. O que provavelmente será muito difícil de conviver bem e agradar;

- explorar o folclore, crendices e a fé das pessoas;

- a prática de necromancia, e qualquer outra prática que invoque os mortos, deixe os mortos descansarem em seu plano. A ciência ainda não desvendou esse mistério, se ninguém descobriu nem provou o que realmente acontece na morte, é porque, por enquanto, não devemos acessar esse plano; somos matéria, corpos físicos, portanto acessamos corpos físicos; no momento da morte, a matéria perece, a alma descansa, e o espírito retorna a Deus, que o concebeu. Portanto, somente Deus, que é o espírito supremo, pode acessar o espírito de quem já faleceu neste plano material.

1 Tessalonicenses 5:23 - *O mesmo Deus da paz vos santifique em tudo; e o vosso espírito, alma e corpo sejam conservados íntegros e irrepreensíveis na vinda de nosso Senhor Jesus Cristo.*

Eclesiastes 12:7 - *e o pó volte à terra, como o era, e o espírito volte a Deus, que o deu.*

- o manejo de forças sobrenaturais com intenções malévolas, evite se utilizar de sombras e rituais obscuros;
- debochar, deturpar, difamar ou desrespeitar as crenças e a fé dos outros;
- impor seus conhecimentos; repasse apenas para aqueles que desejam conhecer e utilizar o conhecimento esotérico para o bem;
- usar magia para qualquer malefício, aliar ou associar o conhecimento esotérico a feitiços e encantamentos, ou a ganhos ilícitos;
- invocar espíritos impuros, não humanos, entidades antigas de antes do princípio do mundo, não devemos acessar esse plano; somente Deus poderá dominar e controlar, esses seres.

Tiago 2:19 - *Crês, tu, que Deus é um só? Fazes bem. Até os demônios creem e tremem.*[4]

Deus, o Supremo, Criador, YHWH, Todo-poderoso ou qualquer outra designação que prefira chamar, o espírito que fez o projeto da terra e a originou, a criou com suporte para a vida, para pessoas vivas, com corpos físicos, não para morte, com corpos decompostos, e um espírito sem corpo. Portanto, invocar o espírito dos mortos não é magia; é necromancia, prática condenada por Deus.

Levíticos 19:31 - *Não vos voltareis para os necromantes, nem para os adivinhos; não os procureis para serdes contaminados por eles. Eu sou o Senhor, vosso Deus.*

Porém....

Deus dá seu poder pra quem ele quiser, todas as leis naturais e universais procedem de sua vontade, conforme Jó 33:13 - *Mas, se ele (Deus) resolveu alguma coisa, quem o pode dissuadir? O que ele deseja, isso fará.* Portanto se algum médium for contatado por algum espírito de pessoa já falecida, que Deus permitiu, não teremos a pretensão de desacreditar nem difamar a imagem desse médium. Se Deus o permitir acessar a memória de um falecido para um bem maior. Não somos ninguém para criticar. Os médiuns sabem que cada um prestará contas de seus serviços públicos.

---

4   Conforme o Livro de São Cipriano, a magia branca não deve ser cobrada, porém a magia negra, para fazer o mal deve ser bem cobrada para surtir efeito, porém quem a pratica sabe que este ganho terá suas consequências.

Cipriano foi um dos maiores bruxos feiticeiros da história. A ele é atribuída a autoria do grimório Livro de São Cipriano, datado dos séculos XVII, XVIII e XIX.

Cipriano por ocasião de sua morte, era convertido ao cristianismo a alguns anos.

No início do século XXI, encontra-se disponível para comercialização versões atualizadas e comentadas do grimório de São Cipriano.

É um erro comum e equivocado associar o grimório de São Cipriano a religiões de matriz africana, pois esta obra é de origem europeia do período moderno, século XVII, sendo editado no Brasil no ano de 1886, a partir daí misturou-se com a cultura e a crendice popular.

Romanos 14:12 - *Assim, pois, cada um de nós dará contas de si mesmo a Deus.*

Nenhum mago, praticante de magia ou médium poderá agir em contrário aos planos das forças que governam os acontecimentos do universo.

Romanos 8:33 - *Quem intentará acusação contra os eleitos de Deus? É Deus quem os justifica.*

As forças da natureza escolhem as pessoas merecedoras de manipular suas energias.

Breve relato pessoal...

Há alguns anos, esta autora, quando menor de idade, estava envolvida em um problema de família devido a uma herança. Foram anos de angústia, desentendimentos, desembolso financeiro. Certa noite, estava aflita em meu quarto orando, pedindo a Deus ou a qualquer santo ou entidade que pudesse nos ajudar, iluminar a todos para ser feito justiça.

Nessa noite vi um vulto, tipo um borrão e uma voz dizendo: ninguém vai tirar o que é teu.

Para as poucas pessoas que contei, algumas disseram que, como eu era uma criança inocente, Deus pode ter falado comigo; outras disseram "foi tua mente, tua vontade de resolver a questão". Após anos pesquisando o assunto, ainda sem resposta, acredito que todos estão certos. De repente Deus ouviu as preces de uma criança angustiada e permitiu que eu acessasse algum registro ou obtivesse uma resposta. Pouco tempo depois, fomos chamadas pelo advogado, informando que havia saído a partilha, que foi feita a justiça.

Outro caso similar aconteceu em nossa família após o falecimento repentino de um membro querido e muito jovem. Dias após o funeral, ele apareceu para sua mãe e revelou que tinha um dinheiro guardado, era para ela caso ele morresse, disse inclusive onde estava os documentos para sacar o dinheiro. Ela encontrou os documentos, foi até a agência bancária. O dinheiro estava lá, ela conseguiu sacar o dinheiro.

Deixo a cargo do leitor a conclusão: o que realmente aconteceu???

Capítulo 5

POÇÕES MÁGICAS DAS BRUXAS

Na antiguidade, os xamãs, bruxos e feiticeiros faziam uso de bebidas com substância psicoativa durante rituais, usavam fumaças e vapores com plantas alucinógenas para entrarem em contato com o mundo espiritual e suas divindades. Atualmente a ciência já descobriu algumas das substâncias ativas nessas plantas.

Êxodo 30:1,7-8 – *Farás também um altar para queimares nele o incenso; de madeira de acácia o farás. Arão queimará sobre ele o incenso aromático; cada manhã, quando preparar as lâmpadas, o queimará. Quando, ao crepúsculo da tarde, acender as lâmpadas, o queimará; será incenso contínuo perante o Senhor, pelas vossas gerações.*

Tetrodotoxina é uma substância que pode ser encontrada em polvos de anéis azuis, e no peixe baiacu.

É termoestável, o aquecimento não diminui a sua toxicidade, pelo contrário, aumenta o efeito tóxico. Essa toxina é usada em rituais vodu no Haiti para criação de zumbis.

Algumas espécies de anfíbios, como a rã-dardo-dourada, produzem mais de 100 tipos de toxinas letais.

Algumas tribos indígenas da América do Sul utilizam essas toxinas na ponta das flechas utilizadas em caçadas.

Salamandras, cobras e algumas espécies de aracnídeos também produzem toxinas usadas no passado pelos bruxos e bruxas para poções.

Conforme o livro *A serpente e o arco-íris - Zumbis, vodu, magia negra* de Wade Davis, editado no Brasil em 1986 por Jorge Zahar.

A Tetrodotoxina, extraída de um peixe, ou de um réptil nativo, que possua esta toxina, combinada com outras substâncias primárias tóxicas e alucinógenas como o pó da planta datura, e outras plantas tóxicas, formam uma poção extremamente perigosa, utilizada em rituais de magia negra, onde a vítima sob violenta emoção, em estado psíquico de vulnerabilidade, entra em contato com a bebida, poderá entrar em catalepsia, um estado semelhante à morte, é uma paralisia dos músculos, respiração, e a frequência cardíaca baixíssima, onde somente o feiticeiro com o antídoto, outra poção tóxica, restabelecerá a vítima, alegando que com seu poder a trouxe do mundo dos mortos.

O pó da datura em formato de círculo ou espalhado na entrada do cômodo, entrando em contato pelos pés da vítima descalça já surte algum efeito de tontura e transe aliados a fumaça tóxica de substâncias alucinógenas explicam como pessoas podem ser manipuladas e seduzidas por feiticeiros mal-intencionados.

A **beladona** é uma planta extremamente tóxica, utilizada na preparação de alguns medicamentos naturais para tratamento do sistema nervoso.

Muitas lendas a respeito das **mandrágoras** se devem ao fato de possuírem uma raiz bifurcada bastante ramificada e estranha, semelhante à forma humana. O uso dessa raiz é descrito na Bíblia, em **Gênesis 30:14** e **Cantares 7:13.**

Possui propriedades tóxicas, alucinógenas e medicinais.

Meimendro é uma planta venenosa devido à grande concentração e diversidade de princípios ativos que, em doses elevadas, se convertem em narcóticos. Planta utilizada para tratamento de epilepsia e insônia.

Durante a Idade Média europeia, as feiticeiras besuntavam seus corpos com unguentos alucinógenos feitos de beladona, mandrágora e meimendro negro, todas plantas semelhantes a datura. O comportamento das feiticeiras tanto pode ser atribuído a essas drogas aliado ao sentimento de rebelião ao sistema opressor em que viviam. Um meio particularmente eficiente de autoadministração da droga para mulheres é através dos tecidos úmidos da vagina, e o cabo de vassoura da feiticeira era considerado um aplicador eficaz, assim, experimentavam uma sensação de estarem flutuando e voando.

A imagem da bruxa montada em uma vassoura provavelmente seja da crença medieval de que as feiticeiras cavalgavam em sua vassoura todas as noites. A viagem delas não era através do espaço, más através da alucinação de suas mentes.

5.1 MUNDO SECRETO NA NATUREZA

Desde o princípio do nosso mundo, existe um mundo visível aos olhos humanos e um microscópico, invisível aos olhos humanos, porém fundamental para nossa sobrevivência. Atualmente chamados de fungos, algas, bactérias, os organismos microscópicos causam a deterioração de matéria orgânica. Vivem em quase todos os ambientes, no solo, na água, na crosta terrestre, desde as geleiras da Antártida até desertos, no interior de rochas e nas fossas oceânicas, muitos desses microrganismos habitam ambientes com alta taxa de radiação.

Autoria: PARQUE CIENTEQ. A vida invisível. *Parque Cien-Teq*, São Paulo, 2021. Disponível em: https://www.parquecientec. usp.br/passeio-virtual/microscopia/a-vida-invisivel. Acesso em: 4 abr. 2025.

No organismo de animais e do ser humano existe um mundo secreto das bactérias, o que chamamos de flora intestinal, que auxilia na digestão de alimentos e no combate aos microrganismos que causam doenças. Os micróbios servem para fermentar alimentos, no tratamento de esgoto, para produzir biocombustível. São vitais para a fertilidade do solo, vivendo uma relação de parceria e troca com plantas e animais.

Desde os tempos remotos os praticantes de magia, ou seja, as bruxas e bruxos, já utilizavam de seu conhecimento secreto e raro para se conectar com esses seres e se beneficiar de seu uso. Muitas pessoas, por não conhecerem esse mundo secreto, ingeriram alimentos de maneira imprópria e alguns perderam a saúde e a própria vida.

Desde os tempos remotos o ser humano utiliza plantas que alteram a consciência, induzindo o indivíduo a um estado de transe e êxtase. Essas plantas possuem substâncias químicas ativas que ao ser ingeridas ou inaladas, algumas apenas com o contato da pele, produzem um estado de consciência alterado, induzido por agentes farmacológicos, fisiológicos ou psicológicos que derivam de autossugestão do mestre xamânico em cultos religiosos espirituais.

O efeito desses fármacos, amplamente utilizados na medicina indígena há milênios em todo o mundo, faz o indivíduo ter visões, proferir predições, profecias, enxergar seres divinos e mitológicos. Essas sensações e reações experimentadas durante rituais xamânicos podem ser explicadas por meio de observações ou de imagens do cérebro, como tomografias computadorizadas, ressonâncias magnéticas ou eletroencefalogramas que identificam as atividades das ondas cerebrais.

Amanita muscaria é um fungo com propriedades psicoativas e alucinógenas em humanos.

Artemísia é utilizada a séculos na Europa para tratar problemas digestivos, e como uma erva do sonho. Ela pode ser fumada, queimada como incenso ou bebida como um chá, é estimulante de memórias antigas e profundas no subconsciente revelando durante o sono.

É utilizada na produção da bebida alcoólica conhecida como absinto, ou "fada verde". Foi proibida em alguns países. Também conhecida como losna, era utilizada pelos guerreiros na Idade Média para tratar feridas, acelerar a cicatrização, com suas propriedades antimicrobianas, ajudava a prevenir infecções, era utilizada como antídoto para envenenamento por armas envenenadas.

Citada na Bíblia em **Provérbios 5:4, Jeremias 9:15.**

A losna era considerada uma erva mágica que protegia os guerreiros de ferimentos e morte, dando força e coragem a eles antes das batalhas, levada como amuleto, misturada a outras ervas para criar poções de força.

Ayahuasca ou **Hoasca**, é um chá, feito a partir de duas plantas, o cipó Mariri (*Banisteriopsis caapi*) e a árvore Chacrona (*Psychotria viridis*), nativas da Floresta Amazônica, são utilizadas por povos da região amazônica em rituais religiosos e de cura, e para concentração e elevação da consciência.

Celastrus paniculatus é uma erva estimulante dos sonhos lúdicos e fantasiosos.

A **cicuta**, planta extremamente perigosa, foi usada para executar condenados na Grécia Antiga, associada à morte de Sócrates, é mencionada em textos antigos, como o *De Materia Medica*, de Pedânio Dioscórides.

Datura, conhecida como erva-do-diabo ou erva-da-loucura, possui efeitos psicoativos como alucinações, delírios, confusão mental e alterações de percepção.

Usada em rituais religiosos em algumas culturas, associada à magia e à feitiçaria, é mencionada em textos antigos, como o Ayurveda.

A ***Digitalis purpurea*** pode causar alucinações e confusão.

Alguns povos da África do Sul utilizavam a semente da *Entada rheedii*, ou **erva dos sonhos**, para fins medicinais e em rituais, a ingestão causa sonhos lúcidos e vívidos. Essa planta possui sementes grandes usadas em colares como talismãs.

A raiz ou a casca da **iboga** são usadas para produzir alucinações e resultados de quase morte.

O **lótus azul** era usado para atingir estados de euforia de consciência visionária.

As flores da planta **estragão mexicano** são associadas com as celebrações do "Dia dos Mortos". A erva é utilizada como incenso, para fumar, ou em infusão em água como um chá.

O **cacto peyote** é uma planta alucinógena utilizada em rituais religiosos. Possui como principal componente psicoativo a mescalina, que é um alucinógeno natural encontrado em algumas espécies de cactos.

No Brasil, são proibidas a importação, exportação, comércio, manipulação e uso de plantas proscritas que podem originar entorpecentes, conforme o Regulamento Técnico sobre substâncias e medicamentos sujeitos a controle especial do Ministério da Saúde. A Datura e o Cacto Peyote encontram-se nessa lista de plantas de cultivo proibidos no Brasil.

Psilocybe cubensis é uma espécie de cogumelo alucinógeno, que age no cérebro de maneira semelhante à serotonina, que é o hormônio da felicidade, é responsável pelo bom humor e bem-estar.

A raiz em pó da planta *Silene capensis*, misturada com água e tomada em jejum, faz o indivíduo ter sonhos proféticos.

Esses são poucos exemplos de plantas utilizadas em rituais de bruxaria e religiosos. Existem milhares de plantas desconhecidas para catalogar e estudar, as combinações entre seus extratos e ativos é quase infinita. É um longo caminho que as ciências naturais da botânica e da medicina ainda terão de desvendar.

Os praticantes de magia do passado, conhecidos como curandeiros, feiticeiros, magos, bruxas e alquimistas mantiveram vivo muito conhecimento importante adquirido ao longo dos séculos, de observações, experimentações, tentativas, erros e acertos, sobre as plantas e suas substâncias, provavelmente sem o qual não teríamos tantos fármacos à disposição atualmente.

5.1.1 Vara mágica

A vara mágica funciona como um **Símbolo** da força, da vontade e do poder.

A vara mágica é feita de forma artesanal, e posteriormente pode ser consagrada, benzida, ou dedicada conforme a fé e crenças pessoais do portador.

Ela em si não possui poder algum, serve como indumentária e caracterização do praticante de magia, para facilitar induzir sua concentração na canalização da energia do pensamento; serve como lembrete de quem ele é.

A varinha mágica deve ser feita de materiais da natureza, do galho de uma árvore, de preferência aquela que traga sentimentos e emoções positivas, pode ser de uma árvore aromática. Poderá ser confeccionada dentro de algum ritual místico ou não, simplesmente como um adereço artesanal. O galho deve ser cortado na lua crescente, e antes, deve-se pedir a permissão da árvore, porque essa é viva e possui energia. Deixe uma oferenda em agradecimento, pode ser frutas, mel, leite.

Depois de colhido o galho, extrair a casca lixar e deixar secar no sol por alguns dias, depois passar óleos essenciais.

Na ponta da varinha, fixar uma pedra natural, pode ser um cristal, ou outra pedra de canalização de energia.

Pode-se combinar três pedras, uma bloqueadora de energias negativas para proteção, outra para atrair energias positivas e trazer força e disposição, e uma pedra chave para realizar desejos.

. *A pedra chave é considerada sagrada, para canalizar os desejos.*

Poderá ser usada qualquer outra pedra que signifique alguma coisa para seu portador, nunca esqueça que a vara em si não tem poderes, ela é uma representação, uma indumentária, um acessório de inspiração para o portador.

Utilizar um fio de cobre para segurar a pedra na ponta da varinha. Conhecido desde a Pré-História, o cobre é condutor de calor e eletricidade, resiste à corrosão e é maleável, moldável, e muito resistente. Por esse motivo carrega uma simbologia muito forte e apropriada para esse objeto. É bactericida e retarda o crescimento de germes que fazem mal à saúde, e devido à sua coloração única, deixa a varinha bonita.

Pode-se utilizar um pirógrafo para adornar a varinha com símbolos que signifiquem força e poder, que trazem sensação de segurança, poder e energia.

Use pedrinhas roladas alinhadas, em círculo ou em formas de estrelas, animais ou outras formas para enfeitar a varinha.

Mais que apenas um símbolo, uma varinha confeccionada para o mal, para impressionar, assustar e ferir pessoas pode ser feita com uma pedra pontiaguda, trabalhada com substância tóxica e venenosa, quando tocar na pele de uma pessoa pode cortar e envenenar.

Na Bíblia Sagrada, no texto de **Oséias 4:12**, Deus condenou o uso da vara mágica em rituais sexuais ilícitos.

Oséias 4:12 - *O meu povo consulta o seu pedaço de madeira, e a sua vara lhe dá resposta; porque um espírito de prostituição os enganou, eles, prostituindo-se, abandonaram o seu Deus.*

Porém, em **Números 20:7-9**, o próprio Deus orientou o uso da vara ou bastão como símbolo de poder, pois foi ele mesmo que deu o poder para o milagre por intermédio do profeta com a vara.

Números 20:7-9 - *Disse o Senhor a Moisés: Toma o bordão, ajunta o povo, tu e Arão, teu irmão, e, diante dele, falai à rocha, e dará a sua água; assim lhe tirareis água da rocha e dareis a beber à congregação e aos seus animais. Então, Moisés tomou o bordão de diante do Senhor, como lhe tinha ordenado.*

Rabdomancia é um método de adivinhação por meio de varinha mágica. A **hidroscopia** é um tipo de rabdomancia empregada para descobrir a localização da água no subsolo, encontrar fontes subterrâneas, utilizando a vara e o pêndulo, forquilha ou galho de árvores. E muito se baseia nos conhecimentos antigos de geologia e mineralogia.

Outro objeto usado pelas bruxas na ficção, e que também é realidade, é o grimório. o livro de receitas de magia e feitiçaria, que contém ensinamentos e descrições de como realizar práticas esotéricas. Deve ser estudado com responsabilidade e respeito, considerando as implicações éticas e espirituais das práticas de manipulação, devido à falta de conhecimento científico, tecnológico e o entendimento de algumas práticas.

Lembre-se sempre de respeitar a crença dos outros. Por desconhecimento, algumas pessoas podem ofender ou até agredir verbalmente um praticante de magia, talvez faça isso por desconhecer que a prática da magia existe desde o início do mundo, antes dos livros sagrados, dos templos e das igrejas, a magia sempre existiu e sempre existirá, independentemente de crenças e da vontade de algum ser humano.

Com o contínuo estudo da mente humana e das tecnologias, a humanidade alcançará explicação para ciclos e fenômenos não explicados até o século XXI, e a magia será apenas a realidade.

O praticante de magia sabe que a vara da bruxa, o patuá, o amuleto no pescoço, são símbolos que ao serem observados o lembrarão de quem é, e de sua responsabilidade com a natureza e com a vida.

O praticante de magia sabe que as rezas, orações, mantras e recitações servem para ativar o olho da sabedoria interna, aquela parte do cérebro ainda não entendida cientificamente, onde existe uma poderosa energia (Criador, Deus) que, quando ativada, tem o poder da visão além do alcance, decisão rápida e cura. Conforme **Hebreus 11:3 -** *Pela fé, entendemos que foi o universo formado pela palavra de Deus, de maneira que o visível veio a existir das coisas que não aparecem.*

Provérbios 16:1-1 - *O coração do homem pode fazer planos, mas a resposta certa dos lábios vem do Senhor.*

A partir do século XXI, estudos e experimentos no campo da neurociência em parte já explicam esse fenômeno.

Recitar salmos equivale a recitar mantras, fazer orações equivale às repetidas invocações de um terço cristão, ou muçulmano, ou mesmo um Japamala hindu ou budista. Essas práticas trazem paz e alento nos momentos de aflição, de meditação e busca de um encontro sagrado com seu Deus, seja para agradecer ou solicitar algo.

Orados com fé, os salmos nos fazem ficar mais próximos de nossas entidades protetoras, sejam anjos, antepassados, orixás ou qualquer outro termo que preferirmos conforme nossas crenças.

Por meio de salmos, canções, orações e repetições podemos louvar a Deus, desenvolvendo um sentimento de amor e gratidão que se estende a todos à nossa volta.

Quando um salmo é recitado, uma oração é feita com fé e determinação, revelam soluções, trazem paz e tranquilidade para resolver qualquer situação.

Filipenses 4:7 - *E a paz de Deus, que excede todo o entendimento, guardará o vosso coração e a vossa mente em Cristo Jesus.*

RACIOCINE

Você confiaria em documentos antigos, que nunca foram traduzidos, que são lidos na língua original, pois sabemos que ao traduzir um documento, mesmo com tradução padrão e juramentada, muitos sentidos das palavras podem ser perdidos, alterados, portanto, um documento antigo sem alterações, revisões constantes, versões e adendos, não deve ser duvidado, no mínimo devemos ter respeito e prestar atenção no que ele nos diz. Imagine que esse documento, puro, sem várias traduções, sem alterações e adendos humanos, sobreviveu milênios, guerras, mudanças políticas, vandalismos e incêndios. Muitos povos diferentes, com imensas distâncias geográficas, culturas diferentes, e de muitos séculos de distância repetindo as mesmas informações.

Você acredita que dá para confiar nesse documento?

Então podemos acreditar na magia, porque os Vedas Sagrados falam dela, a Cabala, a Bíblia Sagrada — apesar de seus adendos e alterações feitos pelas Igrejas, suas diversas traduções, constantes revisões e correções — nos conta que o próprio Todo-poderoso deu poderes a certos humanos para realizarem magia da vidência.

1 Crônicas 26:28 - *Como também tudo quanto tinha consagrado Samuel, o vidente, e Saul filho de Quis, e Abner filho de Ner, e Joabe filho de Zeruia; tudo que qualquer havia dedicado estava debaixo da mão de Selomite e seus irmãos.*

Em todos os povos do passado existem relatos de videntes e feiticeiras que marchavam nas guerras junto ao exército, faziam previsões de vitórias e derrotas, davam mais segurança e alento aos soldados. Inclusive há relatos de a nação de Israel ter sua vidente, que também marchou com o exército israelita para a guerra, e fez previsões de vitória.

Juízes 4:4,6-9 - *Débora, profetisa, mulher de Lapidote, julgava a Israel naquele tempo. [...] Mandou ela chamar a Baraque, filho de Abinoão, de Quedes de Naftali, e disse-lhe: Porventura, o Senhor, Deus de Israel, não deu ordem, dizendo: Vai, e leva gente ao monte Tabor, e toma contigo dez mil homens dos filhos de Naftali e dos filhos de Zebulom? E farei ir a ti para o ribeiro Quisom a Sísera, comandante do exército de Jabim, com os seus carros e as suas tropas; e o darei nas tuas mãos. Então, lhe disse Baraque: Se fores comigo, irei; porém, se não fores comigo, não irei. Ela respondeu: Certamente, irei contigo, porém não será tua a honra da investida que empreendes; pois às mãos de uma mulher o Senhor entregará a Sísera. E saiu Débora e se foi com Baraque para Quedes.*

Raciocine que a pior barreira limitante para nosso crescimento e amadurecimento espiritual somos nós mesmos, a pretensão de achar que tudo sabemos, o preconceito por negar os fatos vistos e constatados por óticas diferentes, e pior, não aceitarmos o que já é visível e palpável devido a crenças antigas enraizadas.

As maiores mentes de todos os tempos – Galileu Galilei, Isaac Newton, Leonardo da Vinci, Albert Einstein, Nikola Tesla, Stephen Hawking e muitos outros gênios – acreditavam no mundo oculto além das fronteiras visíveis e buscaram compreendê-las como reais.

Os maiores profetas bíblicos, como Elias, Eliseu, Daniel, apóstolo Paulo e o próprio Jesus Cristo acreditavam no mundo oculto e por meio dele realizaram muitos milagres incompreensíveis até os dias atuais.

Portanto, magia e Milagre são definições diferentes para a mesma coisa, para acreditar e aceitar é necessário fé ou conhecimento.

magia é tecnologia ainda não compreendida.

Capítulo 6

MEDICINA HOLÍSTICA

Medicina Holística consiste no tratamento administrado por um terapeuta baseado na teoria de que os seres vivos e o meio ambiente funcionam juntos como um todo integrado. O tratamento holístico encoraja a capacidade do próprio paciente de se auto curar, buscando dentro de si mesmo o poder para receber a cura, ao equilibrar o psicológico e suas emoções ajudando no tratamento médico já administrado, sendo que um determinado tratamento será mais eficaz com o auxílio de uma mente equilibrada e consciente trabalhando junto com o corpo para a cura ou amenização de certos males.

No século XXI, no contexto de constantes e rápidas mudanças no cenário mundial, seja por guerras políticas ou militares, terrorismo, crimes virtuais, aumento da poluição, das doenças, pandemias, mudanças nos sistemas financeiros, mudanças climáticas ou excesso de informações negativas, ou desinformação manipulativa, pelos meios de comunicação em massa.

Avanços tecnológicos que facilitam a vida dos mais afortunados, em contrapartida, dificultam a vida da população mais carente, que não tem tanto acesso aos benefícios da tecnologia.

Cada vez mais, as terapias servem como um refúgio, uma via de escape dos sentimentos de medo, frustração, pânico, ansiedade, incertezas e desequilíbrio emocional. Cada vez mais se procura no passado, no conhecimento antigo, um caminho alternativo que traga algum alívio para as dores da alma e talvez para a saúde física também.

Cuidar da saúde mental é tão importante quanto cuidar da saúde física.

Podemos tranquilamente afirmar que a Medicina Holística e as Psicoterapias como tratamentos aliados à Medicina Tradicional é uma característica marcante no cenário contemporâneo do século XXI.

6.1 ALGUNS TIPOS DE TERAPIAS ALTERNATIVAS PARA O BEM-ESTAR

Equilibrando, relaxando, e harmonizando a mente, preparando para o tratamento e cura do corpo e para o bem-estar, conforme **Provérbios 4:21-23 -** *Não os deixes apartar-se dos teus olhos; guarda-os no mais íntimo do teu coração. Porque são vida para quem os acha e saúde, para o seu corpo. Sobre tudo o que se deve guardar, guarda o coração, porque dele procedem as fontes da vida.* Nas terapias alternativas, o principal objetivo é o estímulo das emoções e da vibração energética do paciente para este incentivar o organismo a produzir anticorpos, enzimas, hormônios, funcionando como barreiras naturais da progressão da doença, e facilitador do tratamento, trazendo alento ao enfermo, a terapia alternativa holística serve para o auxílio na cura. Atualmente é de conhecimento popular que determinados estímulos emocionais e psicológicos ativam partes pouco compreendidas do cérebro humano, refletindo no corpo físico.

Na Bíblia encontramos alguns textos que confirmam a utilização de tratamentos curativos por meio da imposição das mãos, assim como ainda é feito atualmente no Reiki.

Marcos 6:5 - *Não pôde fazer ali nenhum milagre, senão curar uns poucos enfermos, impondo-lhes as mãos.*

Lucas 4:40 - *Ao pôr do sol, todos os que tinham enfermos de diferentes moléstias lhos traziam; e ele os curava, impondo as mãos sobre cada um.*

Essas técnicas são milenares, utilizadas pelos povos conhecidos em diferentes partes do mundo, em épocas e contextos diferentes, com sua medicina peculiar e eficaz sobreviveu a humanidade a milênios.

Os princípios eficazes de muitas dessas técnicas já são conhecidos, seja pelo estudo da química ou da neurociência, fato é que não são sobrenaturais, antes, respeitam leis físicas naturais da existência e do universo.

Acupuntura: ramo da medicina chinesa tradicional que consiste em introduzir agulhas metálicas em pontos precisos do corpo de um paciente, para tratar de diferentes doenças ou provocar efeito anestésico.

Aromaterapia: uso de óleos essenciais extraídos de vegetais, para massagens, inalações ou para tomar via oral.

Ayurveda: conhecimento médico desenvolvido na Índia, há cerca de 7 mil anos, utiliza alimentação correta, fitoterapia, yoga, técnicas de massagens, com objetivo de restabelecer o equilíbrio e a manutenção da saúde física.

Auriculoterapia: consiste na estimulação de pontos nas orelhas, sendo por isso muito semelhante à acupuntura.

Cristaloterapia: uso de pedras preciosas e semipreciosas em determinadas partes do corpo, a fim de equilibrar a mente e o espírito.

Cromoterapia: uso das cores, seja em luzes nos banhos, ou para dormir, a fim de harmonizar a mente. Emprega as diferentes cores para alterar ou manter as vibrações do corpo naquela frequência que resulta em saúde, bem-estar e harmonia. Desbloqueia e energiza o emocional para que o corpo físico se mantenha saudável.

Equoterapia: uso de método terapêutico e educacional, que utiliza o cavalo dentro de uma abordagem multidisciplinar e interdisciplinar, nas áreas de saúde, educação e equitação, buscando o desenvolvimento biopsicossocial de pessoas com deficiências e/ou necessidades especiais.

Fitoterapia: uso das plantas medicinais e suas aplicações na cura das doenças. Existe na maioria dos povos. Na China, surgiu por volta de 3000 a.C. Deve-se observar que a definição de medicamento fitoterápico é diferente de fitoterapia, pois não engloba o uso popular das plantas em si, mas sim seus extratos. Os medicamentos fitoterápicos são preparações elaboradas por técnicas de farmácia, além de serem produtos industrializados.

Na Bíblia encontramos vários trechos mencionando ervas medicinais e o permitido uso destas por Deus.

Isaías 38:21 – *E dissera Isaías: Tomem uma pasta de figos, e a ponham como emplastro sobre a chaga; e sarará. O rei Ezequias é curado com uma pasta de figo.*

2 Reis 20:7 – *Disse mais Isaías: Tomai uma pasta de figos. E a tomaram, e a puseram sobre a chaga; e ele sarou.*

Florais: uso de essências de flores, para equilíbrio e harmonização da mente e do corpo.

Geoterapia: uso da argila com água aplicada em partes do corpo.

Hidroterapia: uso da fisioterapia aquática, dentro da piscina. Podemos mencionar o popular banho de assento, que usa água morna com ervas medicinais e sal para aliviar dores nos pés, cansaço, estresse, cólicas menstruais e corrimentos.

Hipnose: visa o lado emocional de lidar com um problema, é possível desviar a atenção do paciente da situação pela qual está passando, e direcioná-la para outro aspecto, assim as áreas do cérebro que têm a ver com a ação desejada e a cura acabam sendo ativadas.

Homeopatia: uso de medicamentos homeopáticos, fabricados com substâncias extraídas dos reinos vegetal, animal e mineral. Essas substâncias são manipuladas e diluídas para oferecerem doses pequenas do princípio ativo, que, ingeridas com certa constância, restabelecem o equilíbrio orgânico.

Magnetoterapia: envolve a utilização de campos magnéticos. Os praticantes sugerem que determinadas partes do corpo, quando tocadas e estimuladas por ímãs, trazem benefícios a saúde.

Massoterapia: uso de manobras manuais para alívio de dores e bem-estar em geral. É um conjunto de procedimento de massagens com os mais variados fins, como alívio de dores, estresse, e o relaxamento muscular, para a liberação de toxinas do corpo.

Meditação: conexão com o presente, com seu interior e com o Universo. É uma prática que traz consciência sobre nós mesmos. Pode ser usada para relaxamento. Muitas terapias holísticas utilizam a meditação como ferramenta.

Musicoterapia: uso de música, ou sons relaxantes, pode ser som instrumental ou sons da natureza, em ambiente tranquilo, para relaxar a mente.

Naturopatia: uso de produtos, técnicas e métodos naturais, utilizando alimentação, suplementação, plantas medicinais, homeopatia, florais, psicoterapias e todas as outras técnicas que provem ser eficazes para equilibrar o estado emocional de saúde, e do organismo.

Quiropraxia: uso das mãos na técnica do diagnóstico, o tratamento e a prevenção de problemas no sistema neuro-músculo-esquelético, bem como seus efeitos na saúde em geral. Serve para tratar problemas articulares, em especial da coluna vertebral.

Radiestesia: detecta e avalia as vibrações energéticas de pessoas, ambientes, animais e objetos, por meio da radiação, se há doenças, desequilíbrio ou acúmulos energéticos, a fim de buscar equilíbrio e harmonia.

Reflexoterapia: uso de pressão nos pés e nas mãos de forma a produzir um efeito em outra parte do corpo. A pressão é aplicada com o polegar, dedos e mãos segundo técnicas específicas e sem a utilização de óleos ou loções.

Reiki: uso da imposição de mãos para transferir "energia vital universal" para o paciente, com fins curativos.

Yoga: conjunto de conhecimentos de mais de 5 mil anos. Yoga é harmonizar o corpo com a mente e a respiração, mediante técnicas de respiração, posturas e meditação.

Salmos 19:14 – *As palavras dos meus lábios e o meditar do meu coração sejam agradáveis na tua presença, SENHOR, rocha minha e redentor meu!*

Os Salmos bíblicos são amplamente conhecidos, o seu uso para meditação e alento da alma, mesmo àqueles que não professam uma crença ou religião.

Para conhecimento

Existem, ainda, terapias sem comprovação científica nenhuma, consideradas estranhas e insalubres por muitos, e algumas até perigosas para saúde humana.

Apiterapia: utiliza produtos das abelhas, como o mel, o própolis, a geleia real e as apitoxinas, podendo expor o paciente a picadas dolorosas de abelhas a fim de utilizar as toxinas como meio natural de estimular o organismo a produzir defesas, estimulando o sistema imunológico.

Hemoterapia: o sangue é coletado e volta a ser aplicado no músculo da própria pessoa (no caso, **auto-hemoterapia, que não é feita em hospitais**).

Iridologia: afirma que os olhos são janelas sobre o estado de saúde do corpo, e que os padrões, cores e outras características da íris podem ser examinados para determinar informações sobre a saúde do paciente. Utiliza mapas da íris que a dividem em zonas que correspondem a partes específicas do corpo humano.

Medicina Bioenergética: o terapeuta abordará a pessoa em tratamento com toques, massagens, exercícios direcionados para o stress muscular, alongamento e manifestação das emoções. Essa intervenção é progressiva, evoluindo à medida que o paciente liberar suas energias.

Medicina Ortomolecular: Faz uso de suplementos nutricionais, antioxidantes e alimentos ricos em vitaminas, C ou E, para reduzir a quantidade de radicais livres no organismo, evitando que o corpo esteja num processo constante de inflamação e evitando o surgimento de algumas doenças comuns do envelhecimento, como artrite, cataratas ou até câncer.

Medicina Radiônica: as doenças podem ser diagnosticadas e tratadas a partir de uma forma de energia semelhante às ondas de rádio. Utiliza-se de instrumentos radiônicos fabricados para estes fins.

Ozonoterapia: consiste em aumentar a quantidade de oxigênio no corpo introduzindo ozônio. É baseada em pseudociência e é considerada perigosa para a saúde. Sem comprovação científica de eficácia.

Terapia Tântrica: busca aguçar a sensibilidade, no intuito de expandir e intensificar a sensação orgástica, tonificando e fortalecendo os músculos genitais de homens e mulheres, a fim de proporcionar a liberação da energia sexual para alívio de estresse, como autoconhecimento, ajudando a superar traumas, bloqueios e inibições.

Urinoterapia: uso da urina humana para fins medicinais e cosméticos, ingerindo ou aplicando a própria urina na pele.

Existe um mito popular que urinar sobre os pés com frieiras (pé de atleta) cura a coceira, matando o fungo que causa este desconforto. Porém, este mito não tem base científica.

Shantala: técnica de massagem praticada entre mãe e bebê e que visa criar maior harmonia entre eles, e também ajuda a acalmar e relaxar a criança.

Terapia Comunitária Integrativa: parte do princípio de que, atualmente, com a globalização, a cura não pode mais ser apenas de uma pessoa e sim de toda comunidade, e com isso promove recursos educacionais, terapêuticos e emocionais para os indivíduos prevenirem e tratarem patologias do corpo emocional e físico.

Termalismo: utiliza águas minerais como tratamento de saúde, e é um procedimento que remonta a 450 a.C.

Osteopatia: utiliza técnicas de manipulação e mobilização das articulações para alívio das dores articulares.

Bioenergética: técnica que utiliza um conjunto de exercícios e movimentos sincronizados com a respiração. Essa prática visa liberar tensões da musculatura do corpo que foram criadas mediante a retenção de emoções.

Arteterapia: se baseia nos efeitos psicológicos das expressões corporais, emocionais e artísticas como dança, desenho e pintura, artesanato.

Antroposofia: é o autoconhecimento da essência humana, a compreensão dos problemas, suas origens e causas para entender e tratar os processos que levam às doenças.

Existem muitas outras técnicas milenares utilizadas para o bem-estar do corpo físico e do espírito, que proporcionam relaxamento emocional, liberando hormônios da alegria e do prazer, relaxando músculos e nervos, que auxiliam na preparação do tratamento tradicional.

Lembre-se:

Qualquer tratamento é melhor do que nada, qualquer tratamento e medida que auxilie, aumente ou facilite um tratamento clínico pode ser usado, uma fonte de alívio deve ser considerada e respeitada mesmo que não sirva para todas as pessoas.

Todos os seres são energia, o universo real, paralelo com o universo etéreo, compõe uma rede, tudo que existe e existirá sempre será energia, algumas semelhantes e outras diferentes, porém todas são energia. As energias semelhantes vibram na mesma frequência, as diferentes vibram em frequência diferente, porém alcançam os mesmos objetivos por meios diferentes.

Por esse motivo, o que funciona para uns pode não funcionar para outros, e por meio do autoconhecimento, da prática e da observação é possível adaptar o melhor para cada pessoa, isso serve para a terapia tanto física quanto espiritual ou psíquica.

No futuro, no tempo de Deus, ele promete que em sua cidade sagrada onde habitarão seu povo escolhido, haverá a árvore da cura conforme **Apocalipse 22:2 -** *No meio da sua praça, de uma e outra margem do rio, está a árvore da vida, que produz doze frutos, dando o seu fruto de mês em mês, e as folhas da árvore são para a cura dos povos.*

Podemos fazer a seguinte analogia, se na terra prometida de Deus, haverá a árvore da vida que as folhas servirão para cura, portanto, podemos nos servir e fazer uso das folhas, cascas e todo o insumo das árvores e plantas, desde que saibamos o uso correto.

Capítulo 7

A MAGIA DAS PEDRAS

Uso de pedras preciosas para bem-estar

A própria Bíblia Sagrada fala do uso das pedras preciosas pelo próprio Deus Todo-Poderoso, você mesmo pode conferir e mostrar a quem lhe questionar o uso das pedras. **Êxodo 25:7** - *Pedras de ônix, e pedras de engaste para o éfode e para o peitoral. E me farão um santuário, e habitarei no meio deles.*

Êxodo 35:9 - *E pedras de ônix, e pedras de engaste, para o éfode e para o peitoral.*

Ezequiel 28:13 - *Estiveste no Éden, jardim de Deus; de toda a pedra preciosa era a tua cobertura: sardônia, topázio, diamante, turquesa, ônix, jaspe, safira, carbúnculo, esmeralda e ouro; em ti se faziam os teus tambores e os teus pífaros; no dia em que foste criado foram preparados.*

Apocalipse 21:18-21 - *E a construção do seu muro era de jaspe, e a cidade de ouro puro, semelhante a vidro puro. E os fundamentos do muro da cidade estavam adornados de toda a pedra preciosa. O primeiro fundamento era jaspe; o segundo, safira; o terceiro, calcedônia; o quarto, esmeralda; O quinto, sardônica; o sexto, sárdio; o sétimo, crisólito; o oitavo, berilo; o nono, topázio; o décimo, crisópraso; o undécimo, jacinto; o duodécimo, ametista. E as doze portas eram doze pérolas; cada uma das portas era uma pérola; e a praça da cidade de ouro puro, como vidro transparente*

Desde o início dos tempos, os primeiros habitantes da terra já utilizavam pedras comuns ou preciosas para erguer altares para suas divindades, para honrá-las, invocá-las, e para manter conexão com esses deuses ou seres superiores.

Deuteronômio 27:5 - *Ali, edificarás um altar ao Senhor, teu Deus, altar de pedras, sobre as quais não manejarás instrumento de ferro. De pedras toscas edificarás o altar do Senhor, teu Deus; e sobre ele lhe oferecerás holocaustos.*

O mundo das pedras é fascinante, existe uma variedade enorme de cores, texturas e variações, cada uma com uma energia diferente, cada uma com sua magia própria. Cada ano que passa se descobre novidades, novas pedras encontradas e catalogadas, novas propriedades, enfim, quem aprecia e deseja entrar nesse mundo de conhecimento das pedras e seu uso vai descobrir a sua magia.

Estudiosos, pesquisadores e colecionadores, tanto amadores quanto profissionais, a cada dia se surpreendem e aprendem mais com as novidades que descobrem sobre rochas, pedras e sobre a natureza.

E ainda temos muito o que descobrir em nosso planeta e fora dele. A natureza nos reserva muitas surpresas, precisamos apenas estar dispostos para aprender.

Algumas pessoas conseguem ver e captar a energia, ou a vida das pedras, canalizando-a para cura, juventude e bem-estar, existem várias forças energéticas que não enxergamos, porém sabemos que elas existem pois sentimos e até nos beneficiamos de sua existência, por exemplo, não vemos a energia elétrica, a energia estática as ondas sonoras, mas existem, assim são as energias dos cristais.

A formação desses minerais pode ser comparada a ingredientes de nossa alimentação, por exemplo, um ingrediente sólido como o açúcar, puro ele é simplesmente açúcar, porém a maneira como é manipulado, misturado e submetido a variação de temperatura formará doces diversos, caldas, sucos, molhos, sorvetes, coberturas e incontáveis receitas.

O mesmo acontece com as pedras, aliadas a outros minerais, componentes químicos, metais, submetidos a grandes variações de temperatura, formam incontáveis variedades de pedras, algumas usadas como joias e adornos, outras usadas na indústria, outras apenas por colecionadores e algumas, tóxicas, apenas em exposições.

7.1 CRISTALOTERAPIA

Cristaloterapia é o nome dado ao uso terapêutico dos cristais. Baseia-se no efeito curativo e harmonizador de cristais especiais, aplicados sobre determinadas áreas do organismo. Eles possuem propriedades terapêuticas e devolvem o equilíbrio físico e espiritual, desde que usados corretamente. A origem da cristaloterapia é milenar. Tribos indígenas como os Cherokees, Navajos, Hopi, Anasazi, Tupi-Guaranis, entre outras, sempre souberam usar as propriedades curativas dos cristais. Os egípcios antigos também se utilizavam de cristais, além de outras antigas civilizações. Estudiosos, terapeutas e esotéricos acreditam que essas pedras possuem uma memória, que guarda impressões e que pode ser resgatada por um cristaloterapeuta ou um sensitivo.

Atualmente os cristais de quartzo são utilizados na tecnologia, devido às suas propriedades físicas, podemos utilizar esse material para diversas utilidades, por exemplo, computadores, relógios, equipamentos de rádio, fibras óticas, cerâmica e instrumentos científicos. Estudos recentes mostraram que um cristal tem a capacidade de guardar grandes quantidades de dados em uma placa de quartzo, que pode armazená-los por milhões de anos, sem se deteriorarem.

Sendo um dos minerais mais comum e abundante na natureza, existe um número impressionante de variedades e designações diferentes. O tipo de estrutura cristalina formada depende da temperatura e pressão existentes no momento da cristalização. Tanto a indústria química como a tecnológica fazem uso dessa maravilha da natureza, portanto, podemos acreditar e confiar na arte milenar da cristaloterapia.

Muitas pessoas aplicam cristais em partes do corpo, seja por friccionar pedras lapidadas sobre a pele com ou sem gel, ou apenas colocar a pedra bruta sobre pontos vitais.

A própria Bíblia Sagrada fala do uso das pedras preciosas pelo próprio Deus Todo-Poderoso, você mesmo pode conferir e mostrar a quem lhe questionar sobre o uso das pedras.

Êxodo 25:7-8 - *Pedras de ônix, e pedras de engaste para o éfode e para o peitoral E me farão um santuário, e habitarei no meio deles.*

Êxodo 35:9 - *E pedras de ônix, e pedras de engaste, para o éfode e para o peitoral.*

Ezequiel 28:13 - *Estiveste no Éden, jardim de Deus; de toda a pedra preciosa era a tua cobertura: sardônia, topázio, diamante, turquesa, ônix, jaspe, safira, carbúnculo, esmeralda e ouro; em ti se faziam os teus tambores e os teus pífaros; no dia em que foste criado foram preparados.*

Apocalipse 21:18-23 - *E a construção do seu muro era de jaspe, e a cidade de ouro puro, semelhante a vidro puro. E os fundamentos do muro da cidade estavam adornados de toda a pedra preciosa. O primeiro fundamento era jaspe; o segundo, safira; o terceiro, calcedônia; o quarto, esmeralda; O quinto, sardônica; o sexto, sárdio; o sétimo, crisólito; o oitavo, berilo; o nono, topázio; o décimo, crisópraso; o undécimo, jacinto; o duodécimo, ametista. E as doze portas eram doze pérolas; cada uma das portas era uma pérola; e a praça da cidade de ouro puro, como vidro transparente.*

Capítulo 8

PODER E AUTOSSUGESTÃO DOS OBJETOS MÍSTICOS

Patuá é um amuleto da sorte, usado em várias culturas pelo mundo desde os tempos antigos.

Atualmente, no século XXI, é comum observar pessoas utilizando patuás em bolsos, bolsas e carteiras, em cima de mesas de casa e do trabalho, nos veículos, ou para presentear alguém.

Copo ou Taça com sal grosso - o sal grosso é utilizado para ativar as pedras para atrair prosperidade. Juntamente a alho, pimenta vermelha, cravo, canela ou anis estrelado, é usado para descarrego das energias negativas, inveja e mau-olhado, ajuda na abertura de caminhos e boa sorte.

Patuás de pedras roladas ou brutas em saquinhos de tecido para carregar em bolsos de vestimentas, ou bolsas e mochilas.

O sal é um cristal que emite ondas eletromagnéticas ao ambiente ao seu redor, e pode neutralizar campos eletromagnéticos negativos. O sal grosso traz inúmeros benefícios aos seres humanos, como desintoxicar o corpo, afastar vírus e microrganismos, estimular a circulação sanguínea, relaxar o sistema muscular, revigorar e regenerar a pele, aliviar dores reumáticas e artrites, diminuir dores nas articulações, proporcionar relaxamento profundo, é cicatrizante, restaura o equilíbrio eletrolítico, ajuda a aliviar o stress e a tensão.

Mesmo que não seja compreendida a forma como as energias invisíveis da natureza agem, mesmo que não sejam vistas, ou sendo inacreditáveis, a simples visão do amuleto no cômodo ou sobre uma mesa já gera um impacto positivo, no mínimo servindo como um alerta de que foi feita alguma coisa, de alguma maneira aquele ambiente pode estar protegido, os inimigos visíveis e invisíveis podem recuar.

Além de promover a beleza do ambiente, o que dará sensação de paz, harmonia e limpeza, independentemente de se crer ou não na eficácia do patuá.

Os amuletos e patuás agem como estímulos visuais, sensoriais, emocionais e psicológicos, em algumas pessoas, podem contagiar consciente ou inconscientemente um grupo.

Os eventos cotidianos são cíclicos, acontecem em círculos com situações repetidas que conduzem ao mesmo lugar, com diversas possibilidades e em ato contínuo em direção ao futuro, não podem retroagir, saber interpretar as possibilidades é matemática e não adivinhação, estudos matemáticos das possibilidades ajudam a prever muitas situações do futuro de uma pessoa.

Ao usar numerologia, cartas de tarô, bola de cristal ou qualquer outro método de previsão para o futuro, ensinados nos Livros Sagrados da Antiguidade, entenda que o destino pode ser construído, qualquer fato cotidiano, mesmo que pequeno e insignificante, pode alterar uma previsão, ela pode não ser exata, mas pelo menos deve ser aproximada da realidade.

8.1 SONHOS E INTERPRETAÇÕES

Desde os tempos antigos, pessoas têm o dom de ter sonhos e saber interpretá-los. Conforme a própria Bíblia, em **Joel 2:28-29** - *E acontecerá, depois, que derramarei o meu Espírito sobre toda a carne; vossos filhos e vossas filhas profetizarão, vossos velhos sonharão, e vossos jovens terão visões; até sobre os servos e sobre as servas derramarei o meu Espírito naqueles dias.*

A interpretação de um sonho, sinal de presságio, ou adivinhação nada mais é que um prognóstico feito a partir de situações previamente conhecidas, combinadas com probabilidades, e isso é matemática, com margem de erro, para mais ou para menos.

A adivinhação deve ser apenas para tranquilizar ou para dar um alento em determinadas circunstâncias, mas nunca servir de apoio principal para decisões fundamentais e importantes, não se abandona a razão pela emoção.

8.1.2 Esoterismo no século XXI

Falar em esoterismo no século XXI é muito fácil, temos mais acesso ao conhecimento devido ao advento da internet e suas tecnologias de mídia e informação, temos liberdade de expressão e culto na maioria dos países, sendo que alguns possuem leis específicas que protegem esses direitos do cidadão, e ainda o trânsito religioso e a diversidade religiosa. O **Trânsito religioso** marca as transformações histórico-políticas da sociedade do séc. XXI, caracteriza-se principalmente pela mudança e pela mobilidade gradual da religião e de organizações sociais construídas sobre bases tradicionais. Atualmente uma pessoa nascida em um lar cristão pode, em qualquer momento de sua vida, migrar para uma denominação religiosa não cristã, ou filosófica. Ou ainda, continuar participando dos eventos cristãos aliando com uma segunda ou até terceira outra religião.

Houve um progressivo declínio da influência das instituições religiosas tradicionais devido ao desinteresse dos mais jovens em continuar as tradições mais rígidas e engessadas, e os constantes escândalos morais e de corrupção.

Houve também uma crescente onda de novas filosofias, de nova visão e interpretação dos escritos sagrados, levando muitas igrejas menores a procurarem se unir com igrejas maiores em busca de unidade entre todas as igrejas cristãs.

A Diversidade religiosa aliou múltiplas crenças, ocupando um mesmo território, convivendo em harmonia e com igual liberdade de expressão às suas práticas de culto. Por preconceito e desconhecimento, ainda falta tolerância com as diferenças de crenças e pensamentos, e respeito pela livre escolha alheia. Assim, a convivência com grupos diferentes dentro de uma mesma comunidade, muitas vezes ficam difíceis, sem o devido diálogo e respeito mútuos. Por isso se faz necessários estudos e campanhas de informação e incentivo à união, a fraternidade e o respeito à liberdade individual de cada ser humano.

1 Pedro 2:15-16 - *Porque assim é a vontade de Deus, que, pela prática do bem, façais emudecer a ignorância dos insensatos; como livres que sois, não usando, todavia, a liberdade por pretexto da malícia, mas vivendo como servos de Deus.*

Neste início de século, podemos observar membros de uma família, que muitas vezes residem na mesma casa professando credos diferentes, de religião diferente tendo que conviver no mesmo espaço, e isso exige uma certa harmonia.

As religiões de raiz africana, as filosofias orientais, o esoterismo, mesmo que muitas vezes pouco ou nada compreendidos, já estão sendo desmistificados, ainda que haja preconceito, atualmente seus praticantes tem maior liberdade de expressar publicamente suas crenças e sua fé.

Provavelmente, um dos marcos históricos do início do século XXI seja a Revolução Tecnológica, com o advento da internet e da inteligência artificial, e o fenômeno do ecumenismo e do trânsito religioso, com o ressurgimento dos cultos e credos antigos como o esoterismo e a prática da magia.

Com as mudanças climáticas, as crises ambientais, sanitárias, e político-econômicas, a nível mundial, e o crescente número de denominações religiosas, seitas pseudocristãs e doutrinas alternativas, associados à liberdade de culto, as pessoas estão buscando, respostas, soluções, e alívio emocional para lidarem com as pressões diárias do séc. XXI, um século marcado pelos crescentes avanços tecnológicos nas comunicações, na eletrônica e na internet, avanços na medicina, que trouxe mais informações e em tempo real como nunca antes na história da humanidade. Esses conhecimentos levam cada vez mais a perguntas e consequentemente as pessoas exigem respostas e soluções com mais velocidade e credibilidade.

Com a entrada do séc. XXI, aquele ar de ocultismo, de mistério, repassado para a grande massa popular através dos séculos, foi aos poucos desmistificado, desvendado, desmascarado, deixando de ser oculto. Nessa nova era do conhecimento, em que as atitudes humanas já não ficam mais ocultas, em tempo real tomamos conhecimento dos acontecimentos nos lugares mais remotos do planeta e muitas vezes fora dele.

Referente à questão do início deste livro, esoterismo e magia podem ser explicados pela ciência, e podem se conciliar com a religião e a Bíblia.

Sim, esoterismo e magia são explicados cientificamente, desde que analisemos em acordo com as Leis que regem a natureza e o universo, a partir da matemática, da bioquímica e da física, da neurociência e da psicologia, desde que respeitemos e aceitemos que aquilo para que ainda não existe explicação plausível e provada cientificamente se deve à falta de evolução humana e de tempo de pesquisa e observação, e que reconheçamos que se sabe muito pouco sobre o cérebro humano e seus limites, não sabemos sua capacidade plena e total.

Sim, a ciência do esoterismo e da prática da magia foi explicada à base da Bíblia, como um guia semelhante a muitos outros livros antigos e sagrados que em outros tempos remotos e ainda hoje servem de guia e base para muitas sociedades sólidas e milenares. Similarmente, a Bíblia também é um guia e neste livro foi amplamente utilizada.

Concluindo, esoterismo e magia são ciências que se consolidam e se solidificam com a fé nas Escrituras Sagradas, como a Bíblia, e com a religião, **seja qual for.**

Lembre-se das palavras de Jesus Cristo em **João 8:32 -** *E conhecereis a verdade, e a verdade vos libertará.*

"Veritas vos liberabit"

REFERÊNCIAS

Allan Kardec. **O Livro dos Espíritos.**

Allan Kardec. **O Evangelho segundo o Espiritismo.**

Bíblia Almeida Edição Revista e Atualizada. Editora Sociedade Bíblica do Brasil, 1993.

Djalma Sayão Lobato. **Magia de amor.**

Erich von Daniken. **Eram os deuses astronautas?**

Heinrich Kraemer. **Malleus Maleficarum.**

Helena Blavatsky. **O Livro Perdido de Dzyan.**

Judy Hall. **A Bíblia dos Cristais - O guia definitivo dos cristais.**

Livro de São Cipriano.

Moacir de Araújo Lima. **Parapsicologia: da Bruxaria à Ciência.**

Paracelso. **As plantas mágicas: botânica oculta.**

Ruediger Schache. **O Poder do invisível.**

Scott Cunningham. **Enciclopédia de Cristais, Pedras Preciosas e Metais.** 3. ed. São Paulo: Editora Gaia, 1988.

Wade Davis. **A serpente e o Arco-íris.**